L

ÉTAT

de la

NOBLESSE BRETONNE

DÉCLARÉE

D'ANCIENNE EXTRACTION

Lors de la Réformation de 166⅚,

Selon chacun des trois Manuscrits in-folio de la
Bibliothèque publique de Rennes.

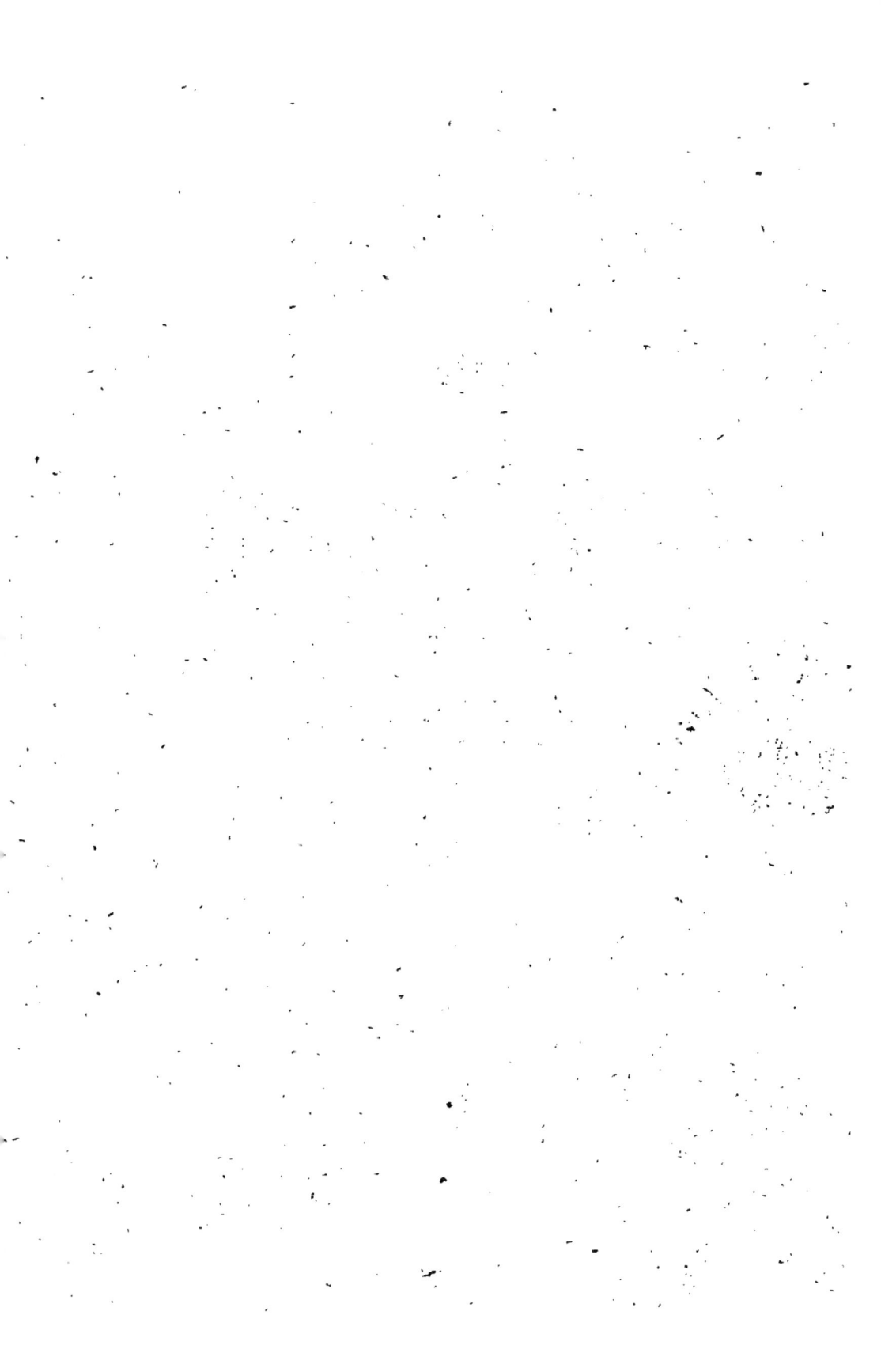

ÉTAT

de

LA NOBLESSE

BRETONNE

déclarée

D'ANCIENNE EXTRACTION

Par la Chambre du Parlement de Bretagne chargée de la
Réformation de 1668—71, selon chacun des trois
manuscrits in-folio existant à la Bibliothèque publique de Rennes.

PAR

Le Comte H^{te} DU PLESSIS DE GRENÉDAN.

À RENNES,

Chez MOLLIEX, Libraire-Editeur, rue Royale.

1844.

lll

Imprimerie de A. Marteville et Lefas.

ᘔᘔᘔ

AVANT-PROPOS.

☼

Les registres du Parlement de Bretagne,
concernant la Réformation de 1668-71, ont
été détruits pendant la première révolution,
et il n'en reste que des extraits qui, par leur
désaccord dans un grand nombre d'articles,
prouvent qu'il s'y est glissé beaucoup d'erreurs. Le travail que nous donnons au public,
loin donc d'offrir une entière certitude, n'est
qu'un simple document pour la recherche de
la vérité. Ce qui nous a porté à l'entreprendre

est la lecture d'un ouvrage qui nous est tombé dernièrement entre les mains, le *Nobiliaire de Bretagne*, publié, il y a cependant environ quatre ans, par M. le chevalier de Beauregard, et où sont qualifiées les extractions ; ouvrage propre à induire dans de grandes erreurs, puisque n'étant, dans la supposition la plus favorable, que la reproduction d'un des manuscrits les moins dignes de confiance, il est donné comme *tiré littéralement des registres manuscrits originaux authentiques.* Des quatre manuscrits existant à la Bibliothèque publique de Rennes, nous avons choisi les trois qui, bien qu'évidemment différents, se rapprochant néanmoins davantage, offrent le plus de gages à la confiance. Ces manuscrits sont étiquetés *Nobiliaire de Bretagne, Nouvelle Réformation,* et *Nobiliaire Breton;* le premier formant deux volumes, le second et le troisième, chacun trois volumes. Pour éviter des répétitions inutiles, nous avons fait notre texte de l'un, et donné seulement en note les variantes des deux autres. Le choix que nous avons fait du *Nobiliaire de Bretagne* pour notre texte, n'a été déterminé par aucun motif de préférence, mais parce que, donnant lui-même en note les variantes du *manuscrit des Etats*, cette disposition était plus simple. Un troisième ordre de notes nous appartient : celles-ci concernent généralement le manuscrit qui nous sert de texte, s'occupent seulement de fautes matérielles, et s'appliquent à ce manuscrit sans tenir compte des versions des deux autres.

AVIS

Nécessaire à l'intelligence de ce Recueil.

※

Lorsqu'un nom est suivi d'un ou de plusieurs noms de fiefs, il faut entendre que, des mêmes nom et armes, les seuls possesseurs de ce fief ou de ces fiefs ont été déclarés d'ancienne extraction.

Les petites capitales renvoient aux notes du manuscrit qui forme le texte, et les chiffres aux variantes des deux autres manuscrits et à nos propres notes.

Il n'est pas besoin d'expliquer que, lorsqu'on trouvera ces mots ou d'autres offrant le même sens, tel manuscrit donne telle extraction, *cela veut dire que l'arrêt rapporté par ce manuscrit déclare ceux dont il s'agit de telle extraction.*

A.

AAGE (1) (DE L') — D'or, à une aigle éployée de gueules (2) membrée d'azur.

ACIGNÉ (3) (D') — D'hermines, à la fasce de gueules chargée de trois fleurs-de-lys d'or.

AIGUILLON (D') — De sable, à trois quintefeuilles d'argent.

---

(1) *Simple extraction*, suivant la Nouvelle réformation et le Nobiliaire breton. — (Ce nom, dans les trois manuscrits, se trouve à la lettre *L*, bien qu'écrit ainsi que nous l'avons mis).

(2) *Becquée, membrée d'azur,* suivant la Nouvelle réformation et le Nobiliaire breton.

(3) L'arrêt manque au Nobiliaire breton.

ANGIER — De vair, au bâton de gueules en bande (a).

APELVOISIN (d') — De gueules, à une herse d'or.

ARGENTRÉ (d') — D'argent, à la croix pattée d'azur.

ARMAILLÉ (1) (d') — D'azur, à trois molettes d'éperon d'or.

AVAUGOUR (d') — D'argent, au chef de gueules.

AUBIGNÉ (2) (d') — De gueules, au lion d'hermines armé, lampassé et couronné d'or.

AUVERGNE (d') — De sable, à la croix

(A) Dans le Manuscrit des Etats, il est dit : *De sable, à trois fleurs-de-lys d'or.*

(1) *Simple extraction*, suivant la Nouvelle réformation et le Nobiliaire breton.

(2) *Simple extraction*, suivant la Nouvelle réformation.

d'argent cantonnée de quatre têtes de loup de même, arrachées et lam passées de gueules..

BAHUNO (DE) — De sable , au loup passant d'argent armé et lampassé de gueules , surmonté d'un croissant aussi d'argent (1).

BARBIER (LE) — de Kjean — D'argent, à deux fasces de sable.

BARBIER (2) — Ecartelé aux 1 et 4 (3), à deux fasces de sable; aux 2 et 3

---

(1) Le Nobiliaire breton met seulement : *De sable, au loup passant d'argent surmonté d'un croissant de même.*

(2) *Deficit* à la Nouvelle réformation et au Nobiliaire breton.

(3) L'émail n'est pas indiqué.

d'or, à la fasce d'azur, et trois pigeons de même, 2 et 1.

BARILLON — De gueules, à trois billettes (A—1) d'or cerclées de sable.

BARRIN — D'azur, à trois papillons d'or, 2 en chef, 1 en pointe.

BEAUCÉ (2) (DE) — D'argent, à l'aigle de sable becquée et membrée de gueules, au bâton d'or en bande brochant sur le tout (B).

BECDELIÈVRE — du Bouexic, de la Bus-

(A) *Barils*, Manuscrit des Etats.

(1) *Barillets*, suivant la Nouvelle réformation et le Nobiliaire breton.

(2) La Nouvelle réformation et le Nobiliaire breton comprennent sous les mêmes nom et armes, JEAN DE BEAUCÉ, sieur DU FRETTAYS, et JOACHIM, sieur DE TROZÉ.

(B) Le Manuscrit des Etats fait mention d'un arrêt du 26 août 1669, au rapport de M de Langle, qui a déclaré noble, *d'ancienne extraction noble* et

nelays — De sable, à deux croix d'argent au pied fiché, et une coquille de même en pointe.

BÉDÉE — D'argent, à trois rencontres de cerf de gueules.

BEGAIGNON — D'argent, fretté de gueules de six pièces.

BEGASSON (1) (DE) — D'argent, à une bécasse de gueules.

BEGASSOUX (2) (LE) — D'azur, à trois têtes de bécasse d'or.

---

de qualité d'écuyer, au rôle des nobles de la sénéchaussée de Rennes, JEAN DE BEAUCÉ sieur DU FRETTAYS et JOACHIM DE BEAUCÉ, sieur DE TROZÉ, lesquels portent : *D'argent, à l'aigle éployée de sable membrée et becquée de gueules, au bâton d'or en bande brochant sur le tout.*

(1) BEGASSON, sans DE, suivant la Nouvelle réformation.

(2) BEGASSOUX, sans LE, suivant la Nouvelle réformation.

BEIZIT (1) (DU) — D'argent, à la fasce vairée et contre-vairée d'or et d'azur, surmontée d'un chef d'azur chargé de (2) trois besans d'or, et une molette de même en pointe.

BEL (LE) — D'argent, à trois fleurs-de-lys de gueules.

BELLINGANT — D'argent, à trois quintefeuilles de gueules.

BELOÜAN (3) (DE) — De sable, à l'aigle éployée d'argent.

BENAZÉ (4) (DE) — D'argent, à trois croissants de sable, 2 en chef, 1 en pointe.

---

(1) DU BEYSIT, suivant le Nobiliaire breton, qui ne donne pas les armes. — La Nouvelle réformation écrit BEIZIT, sans DU.

(2) *quatre*, suivant la Nouvelle réformation.

(3) DE BELLOUAN, suivant la Nouvelle réformation.

(4) Sans DE, suivant la Nouvelle réformation.

BENERUEN (1) (DE) — D'argent, à un chêne
de sinople englanté d'or, au sanglier de gueules passant au pied.

BERNARD (2) — D'azur, à trois fasces ondées d'or.

BERTHELOT — D'azur, à trois têtes de léopard d'or couronnées, chacune,
d'une fleur-de-lys de même.

BERTHO — D'or, à un épervier de sable,
la tête contournée, longé, grilleté
d'argent et accompagné de trois
molettes de sable.

BIDÉ — de la Grandville — D'argent, à un
lion de sable armé et lampassé de
gueules, accompagné d'un crois-

---

(1) BENERVEN, et sans DE, suivant la Nouvelle
réformation, qui a omis la partie de l'arrêt concernant l'extraction. — *Simple extraction*, suivant le
Nobiliaire breton.

(2) *Simple extraction*, suivant la Nouvelle réformation.

sant d'azur au 1ᵉʳ canton et d'une étoile de gueules au 2ᵐᵉ, et une autre de même en pointe.

BIGOT (1) (LE) — de Kjegu, de Langle, de Boisglé. — D'argent, à un écureuil d'azur (A); *aliàs*, de pourpre couronné d'or.

BINET — De gueules, au chef d'or chargé de trois croisettes au pied fiché d'azur.

BINTINAYS (DE LA) — D'argent, à trois bandes de gueules chargées d'une fasce (2) de même sur le tout.

BIZIEN — Ecartelé aux 1 et 4 d'argent, à une fasce de sable accompagnée d'un croissant (3) en pointe et une

---

(1) La Nouvelle réformation écrit BIGOT, sans LE.

(A) Le Manuscrit des Etats porte seulement : *de pourpre couronné d'or.*

(2) La Nouvelle réformation met : *de trois fasces.*

(3) Il semble que l'émail du croissant manque.

étoile de même en chef ; aux 2 et 3 écartelé (1) de sable (2) à une croix d'argent.

BLANCHARD (3) — D'azur, à une fasce d'or (A) accompagnée de cinq besans de même, 2 en chef, 3 en pointe.

BLINAYS (B—4) — D'argent, à trois rencontres de bélier de sable.

---

(1) *de gueules et de sable*, suivant la Nouvelle réformation et le Nobiliaire breton.

(2) Un des émaux manque.

(3) *Simple extraction*, suivant la Nouvelle réformation et le Nobiliaire breton.

(A) *à une fasce d'argent*, et les besans d'or, suivant le Manuscrit des Etats.

(B) DE LA BLINAYE, suivant le Manuscrit des Etats.

(4) DE LA BLINAYS, suivant la Nouvelle réformation et le Nobiliaire breton.

BODERU (A—1) (DU) — D'azur, à un chevron d'or accompagné de trois billettes de même.

BODOYER — D'argent, à quatre fasces de sable (2).

BOHIER — D'or (B), à un lion d'azur.

BOIS (3) (DU) — D'argent, à un lion rampant d'azur, lampassé de gueules.

BOISADAM (DU) — De gueules, à la bande d'hermines accostée de six molettes d'or.

(A) *Deficit* au Manuscrit des Etats.

(1) BODERU, sans DU, suivant la Nouvelle réformation.

(2) *Fascé d'argent et de gueules de six pièces*, suivant le Nobiliaire breton.

(B) *D'argent*, suivant le Manuscrit des Etats.

(3) *Deficit* à la Nouvelle réformation. — (Les feuillets 90 et 91 ont été enlevés dans ce manuscrit).

BOISBAUDRY (DU) — D'or , à deux fasces de sable , la 1ʳᵉ chargée de trois besans d'or , la 2ᵐᵉ de deux besans aussi d'or (A).

BOISBERTHELOT (DU) — Ecartelé d'or et de gueules.

BOISBILLI (1) (DU) — De gueules , à cinq molettes d'or.

BOISBOESSEL (B—2) (DU) — D'hermines , au chef de gueules chargé de trois macles d'or.

BOISDELASALLE (DU) — de Roquedas (3). — Vairé , contre-vairé d'or et d'a-

---

(A) Le Manuscrit des Etats porte que les besans sont d'argent.

(1) *Simple extraction*, suivant le Nobiliaire breton.

(B) Le Manuscrit des Etats dit : BOISBOUEXEL.

(2) DU BOISBOÜESSEL, suivant le Nobiliaire breton.

(3) ROGUEDAS, suivant la Nouvelle réformation.

zur, au chef de gueules chargé de trois besans d'or.

BOISEON (1) (DE) — D'azur, à un chevron d'argent accompagné de trois têtes de léopard d'or, 2 en chef, 1 en pointe.

BOISFORAGES (A—2) (DU) — Losangé d'or et d'azur (B).

BOISGESLIN (DU) — de Cucé, de la Toise, de Kascoüet, de la Sourdière, de Kvegan, de la Villemarquer, de la Noëmain. — Ecartelé de gueules et d'azur, le premier et le dernier

---

(1) DU BOISEON, suivant la Nouvelle réformation.

(A) BOISFAROGES, ou FAROUCHE, suivant le Manuscrit des Etats.

(2) DU BOISFAROGE, suivant la Nouvelle réformation; DU BOISFAROGES, suivant le Nobiliaire breton; *simple extraction*, suivant l'une et l'autre.

(B) *D'argent, losangé d'azur*, suivant le Manuscrit des Etats.

quartier chargés, chacun, d'une
étoile d'or à cinq pointes.

BOISGUEHENNEUC (1) (du) — de Minven,
de Kmainguy (2), de la Villeon.
— D'argent, à l'aigle éployée de
sable à deux têtes membrée d'or,
aliàs, de gueules (a—3).

BOISHAMON (du) — D'argent, à un léopard de sable armé et lampassé de
gueules.

BOISELEHOUX (b—4) (du) — D'argent,

---

(1) Le Nobiliaire breton écrit : du BOISGUEHE-
NEUC.

(2) Kmenguy, suivant le Nobiliaire breton.

(a) Le Manuscrit des Etats dit seulement : *de
gueules*.

(3) La Nouvelle réformation et le Nobiliaire breton mettent : *D'argent, à l'aigle éployée de sable,
becquée, membrée d'or*, aliàs, *de gueules*.

(b) Boislehoux, suivant le Manuscrit des Etats.

(4) du Boislehoux, suivant la Nouvelle réformation et le Nobiliaire breton.

fretté de gueules (A—1) de six pièces.

BOISLÈVE (B—2) — D'azur, à trois sautoirs d'argent (3—4).

BOISPÉAN (DU) — Aux 1 et 4 d'argent, semé
de fleurs-de-lys (5—6); aux 2 et

(A) Il est dit : *de sable*, dans le Manuscrit des
Etats.

(1) *de sable*, suivant la Nouvelle réformation et le
Nobiliaire breton.

(B) *Deficit* au Manuscrit des Etats.

(2) BOYLESVE, suivant la Nouvelle réformation,
et BOISLESVE, suivant le Nobiliaire breton; *simple
extraction*, suivant les deux.

(3) Ces sautoirs sont nécessairement alésés.

(4) *D'azur, au sautoir d'or*, suivant la Nouvelle
réformation ; *à trois sautoirs d'or*, suivant le Nobiliaire breton.

(5) L'émail manque.

(6) *d'azur :* Nouvelle réformation et Nobiliaire
breton.

3 d'argent (1), fretté de gueules.

BOISRIOU (DU) — D'azur, fretté d'argent.

BONFILS — De gueules, à trois besans d'or, 2 et 1.

(2)

BONNIER (3) — de la Coquerie (4), de la Chapelle. — D'argent (5), à trois trèfles de sinople.

BONNIN — De sable, à la croix dentée d'argent.

---

(1) A enquerre.

(2) DE BONGRENEC, suivant la Nouvelle réformation et BONGRENEC, suivant le Nobiliaire breton, portant, selon l'une et l'autre : *D'argent, au lion de gueules chargé de macles d'or : ancienne extraction*, suivant ces deux manuscrits. Ce nom manque dans le nôtre.

(3) *Simple extraction*, suivant la Nouvelle réformation et le Nobiliaire breton.

(4) COCQUERIE, suivant le Nobiliaire breton.

(5) *D'azur*, selon le Nobiliaire breton.

BORGNE (1) (le) — de Lesquisiou (2). — D'azur, à trois huchets d'or.

BOT (du) — D'argent (3), à une fasce de gueules.

BOTDERU (du — (Voyez Boderu pour les armes).

BOTEREL — D'argent, à un lion morné de sinople.

BOTLOY (de) — Ecartelé d'or et d'azur.

BOTMEUR (de) — Ecartelé aux 1 et 4 d'or, au lion de gueules (a) ; aux 2 et 3 d'argent, au lion de gueules.

BOTTEREL — de Perran (4). — De gueu-

---

(1) *Deficit* à la Nouvelle réformation. — (Les feuillets 110, 111, 112 et 113 ont été enlevés).

(2) de l'Esquiffiou, suivant le Nobiliaire breton.

(3) *D'azur*, suivant la Nouvelle réformation.

(a) *armé, couronné et lampassé d'azur*, porte le Manuscrit des Etats.

(4) du Perran, suivant la Nouvelle réformation et le Nobiliaire breton.

les, à la croix d'or pattée, clechée,
pommetée de même.

BOUAN — D'argent, à un chevron de sable
accompagné de trois têtes de loup
de sable, arrachées et lampassées
de gueules.

BOUAYS (1—2) (DU) — D'argent, à un lion
coupé de gueules et de sable, couronné de gueules.

BOUAYS (DU) — De sable, à la fasce d'argent bordée de gueules.

BOUAYS (DU) — De gueules, à la croix d'argent cantonnée de quatre croissans
de même.

BOUÉTIEZ (DU) — D'azur, à deux fasces
d'argent accompagnées de cinq besans d'or.

---

(1) Ce nom étant placé, dans le manuscrit, entre
BLINAYS et BODERU, s'écrit probablement : BOAYS.

(2) DU BOAYS, suivant la Nouvelle réformation et
le Nobiliaire breton.

BOÜEXIÈRE (DE LA) — du Hautbois, de Saint-Laurens, de la Mettrie, de la Villeferré, du Clos, de la Noë, de la Villetanet (1). — D'argent, à deux fasces nouées doublement de gueules.

BOÜEXIÈRE (2) (DE LA) — De gueules, à sept macles d'or.

BOULLAY (3) (DU) — des Barres. — D'argent, à la croix dentée de sable cantonnée de quatre croissans de gueules.

---

(1) DE SAINT-LAURENT, suivant le Nobiliaire breton ; DU CLIO et DE LA NOBLE, suivant la Nouvelle réformation, qui ne donnent comme ayant été déclarés d'*ancienne extraction* que ceux DE LA VILLE-TANET.

(2) *Simple extraction*, suivant la Nouvelle réformation.

(3) *Déficit* à la Nouvelle réformation. (Le feuillet 136 a été enlevé dans ce manuscrit).

BOULLAYS (1) — D'azur, à trois croissans d'or, les deux du chef adossés.

BOURDIN (2)— D'argent, à l'aigle de sable.

BOURDONNAYE (3) (DE LA) — De gueules, à trois bourdons d'argent en pal.

(4)

BOUTEILLER (LE) — D'argent, à une bande fuselée de sable.

BOUTIER (5) — Gironné d'hermines et de gueules de huit pièces (6).

---

(1) *Deficit* à la Nouvelle réformation. (Le feuillet 136 a été enlevé dans ce manuscrit).

(2) *Simple extraction*, suivant la Nouvelle réformation et le Nobiliaire breton.

(3) DE LA BOURDONNAYS , suivant la Nouvelle réformation et le Nobiliaire breton.

(4) DU BOURNÉ, portant : *D'argent, au chef d'azur chargé de trois macles d'or : ancienne extraction*, suivant la Nouvelle réformation.

(5) L'arrêt manque au Nobiliaire breton.

(6) *de dix pièces*, suivant la Nouvelle réformation.

BOUVANS (1) (DE) —De gueules, à une croix
dentelée d'argent.

BOUX (2) — D'or, au sautoir de gueules cantonné de quatre merlettes de sa-
ble (3).

BOYLESVE (4) — D'azur, chargé de trois
sautoirs d'or (5).

BREHAND (6) (DE) — de Galinée, de la So-
rays, de la Lande, de la Roche, de

---

(1) *Simple extraction*, suivant la Nouvelle réformation.

(2) L'arrêt manque au Nobiliaire breton.

(3) *D'azur, au sautoir de gueules cantonné de quatre merlettes de même*, suivant la Nouvelle réformation.

(4) Voyez les notes 2, 3 et 4, pag. 22.

(5) Il est probable qu'il y a ici répétition du même
nom, écrit plus haut : BOISLÈVE, et erreur, dans
l'un ou l'autre article, pour l'émail des sautoirs.

(6) DE BREHANT, suivant la Nouvelle réformation.

Chastellier , de la Villehatté , de la Charbonnays, de la Villeaudry (1).
— De gueules , à un léopard d'argent.

BREHAND (2) (DE) — de Lisle. — De gueules , à sept macles d'or , 3 , 3 , 1.

BREIL (DU) — D'argent, à un lion morné d'argent armé et lampassé de gueules (3—4).

---

(1) Le Nobiliaire breton écrit : DU CHATELLIER , CORBONNAYS, au lieu de CHARBONNAYS, et VILLAUDRY. — Suivant la Nouvelle réformation , ceux DE LA VILLEHALLÉ *(sic)*, DE LA CORBONNAYS *(sic)*, et DE LA VILLEAUDRY, n'ont été déclarés que de *simple extraction.*

(2) DE BREHANT, suivant la Nouvelle réformation.

(3) Il y a ici erreur pour l'émail de l'écu ou du lion, et pour l'adjectif *morné* ou les mots *armé et lampassé.*

(4) La Nouvelle réformation et le Nobiliaire breton mettent : *D'azur, au lion morné d'argent.*

BREIL (1) (du) — D'argent , au lion de gueules armé, lampassé d'or, couronné de même.

BRESAL (2) (de) — De gueules , à six besans d'or, 3 , 2 ; 1.

BRETON (le) — D'azur, au chevron d'argent , au chef cousu de gueules chargé de trois besans d'or.

(3)

---

(1) *Simple extraction*, suivant la Nouvelle réformation.

(2) de Brezal, suivant la Nouvelle réformation et le Nobiliaire breton.

(3) DU BREÜIL, que notre manuscrit et la Nouvelle réformation écrivent du Breul, et dont les armes sont : *D'argent, à la fasce d'azur surmontée de trois merlettes de sable, et, au-dessous, trois autres merlettes de même posées 2 et 1 :* noblesse *d'ancienne extraction*, suivant le Nobiliaire breton.

BRILLAUT (1) — D'argent, à une rencontre de cerf de sable.

BROEL (de) — De gueules, à un léopard d'argent chargé d'hermines (2).

BRUC (de) — de Vieillecourt, de la Motte (3).
— D'argent, à une rose de gueules boutonnée d'or.

BRULLON — D'argent, à un griffon de sable (a).

(4)

---

(1) BRILLAULT, suivant la Nouvelle réformation et le Nobiliaire breton.

(2) La Nouvelle réformation et le Nobiliaire breton mettent seulement : *De gueules, à un léopard d'hermines.*

(3) Le Nobiliaire breton ajoute ceux DE BOUGON, DE GUILLIERS et DE CLISSON.

(A) Le Manuscrit des Etats dit : *De sable, au griffon d'argent.*

(4) DE BRUNNES, dont la Nouvelle réformation

BUDES — D'argent, à l'arbre de sinople (1—2) de deux fleurs-de-lys de gueules.

BUTAULT — D'argent, à la fasce de gueules accompagnée de trois trèfles de sinople.

BUZIC — Ecartelé aux 1 et 4 d'or, au léopard de gueules ; aux 2 et 3 de gueules, à six annelets d'argent.

---

décrit les armes : *D'azur, à un greslier accompagné de trois bandes d'argent; ancienne extraction*, suivant ce manuscrit. Le nôtre (qui remarque qu'il y a *greslier d'argent* au Manuscrit des Etats), et le Nobiliaire breton mettent des besans au lieu de bandes.

(1) C'est probablement le mot *accosté* qui manque ici.

(2) *accosté*, suivant la Nouvelle réformation et le Nobiliaire breton.

C.

CADELAC (DE) — D'azur, à une bande d'or chargée de trois roses de gueules.

CAHIDEUC (DE) — De gueules, à trois têtes de léopard d'or lampassées de gueules.

CANABER (DE) — D'argent, à un greslier de sable accompagné de trois merlettes de même, au chef de gueules chargé de trois (1) quintefeuilles d'argent.

(2)

CARADREUX (DE) — D'argent, à trois léopards d'azur (A).

---

(1) La Nouvelle réformation met : *coquilles.*

(2) DE CANCOET, portant : *D'argent, au sanglier furieux de sable lampassé et défendu de gueules : ancienne extraction*, suivant le Nobiliaire breton.

(A) *D'argent, à trois lions léopardés d'azur passans*, 2 *en chef*, 1 *en pointe*. Manuscrit des Etats.

CARHEIL (DE) — D'argent, à deux corneilles affrontées de sable, essorées de même, membrées, becquées d'or, et une molette de sable en pointe.

CARNÉ (1) (DE) — D'or, à deux fasces de gueules.

(2)

CELLE (DE LA) — De sable, au croissant montant accompagné de trois quintefeuilles, 2 et 1, le tout d'or (A).

---

(1) La Nouvelle réformation ne donne que la *simple extraction* à LOUIS DE CARNÉ, sieur DE CATELAN.

(2) DE CASTEL, portant : *D'hermines, coupé de gueules, au lion de l'un en l'autre armé, lampassé, couronné d'or* : noblesse d'*ancienne extraction*, suivant la Nouvelle réformation et le Nobiliaire breton.

(A) Le Manuscrit des Etats dit simplement : *De sable, à trois quintefeuilles d'or, 2 en chef, 1 en pointe.*

CERVELLE (1) (DE LA) — D'or, à trois chevrons de gueules (A).

CERVON (DE) — D'azur, au cerf rampant d'or.

CHAMPION — de Cicé. — D'azur, à trois écussons d'argent chargés, chacun, de trois bandes de gueules.

CHAPONNIER (LE) — de Maulouarn (2), de Kymartin. — De sable, au loup passant d'argent.

CHARBONNEAU — D'azur (3), à trois écussons d'argent accompagnés de dix fleurs-de-lys d'or, 4, 3, 2, 1.

CHARETTE — D'argent, à un lion de sable

---

(1) *Simple extraction*, suivant le Nobiliaire breton.

(A) Le Manuscrit des Etats dit : *De sable, à trois losanges d'or en fasce.*

(2) MAULOÜARN, suivant le Nobiliaire breton.

(3) *D'or*, suivant le Nobiliaire breton.

armé, lampassé de gueules, à trois cannettes (A) de sable becquées de gueules, posées (1) 2, 1.

CHASTEL (DU) — Fascé d'or et de gueules de six pièces.

CHASTELLIER (2) (DU) — De gueules, à un dextrochère tenant une fleur-de-lys d'argent accompagné de quatre besans de même, 1 en chef, 2 en fasce et 1 en pointe (B).

CHAT (3) (LE) — D'azur, à trois têtes de léopard d'or, 2 et 1.

(A) Le Manuscrit des Etats dit : *trois aiglettes.*

(1) *posées en pointe, 2 et* 1, suivant la Nouvelle réformation et le Nobiliaire breton.

(2) *Deficit* à la Nouvelle réformation. (Voyez ci-contre note 3).

(B) Le Manuscrit des Etats dit que les quatre besans sont posés, 1 en chef et 3 en pointe, 2 et 1.

(3) *Deficit* à la Nouvelle réformation. (Voyez ci-contre note 3).

CHATEAUBRIAND (1) (de) — De gueules, semé de pommes (2) d'or; *et depuis*, de gueules, semé de fleurs-de-lys d'or sans nombre.

CHAUMART (a—3) — D'or, à une bande de gueules accostée de deux molettes de même.

CHEFFDUBOIS (4) (de) — De gueules, à un greslier d'argent enguiché de gueules (b).

CHENU — D'hermines, au chef losangé d'or

---

(1) de Chasteaubriand, suivant la Nouvelle réformation et le Nobiliaire breton.

(2) *de pommes de pin*. Nouvelle réformation et Nobiliaire breton.

(a) *Deficit* au Manuscrit des Etats.

(3) *Deficit* à la Nouvelle réformation. — (Les quatre feuillets 222, 223, 224 et 225 ont été enlevés dans ce manuscrit).

(4) Cheffdubois, sans de. Nouvelle réformation.

(b) Le Manuscrit des Etats dit : *enguiché de même*.

et de gueules de deux traits (1).

CHESNE (DU) — D'argent, à trois cœurs de gueules couronnés (2), chacun, d'une fleur-de-lys d'or.

(3)

(4)

(5)

CHOMART — D'or, à la bande de gueules chargée de deux gantelets d'ar-

---

(1) La Nouvelle réformation et le Nobiliaire breton ne mettent pas : *de deux traits.*

(2) La Nouvelle réformation et le Nobiliaire breton mettent seulement : *couronnés d'or.*

(3) CHESNEL , portant : *De sable , à une bande de six fusées d'or : ancienne extraction* , suivant la Nouvelle réformation et le Nobiliaire breton.

(4) DE LA CHEVIÈRE, portant : *D'argent , à trois têtes de cerf de gueules : ancienne extraction* , suivant la Nouvelle réformation.

(5) CHOHAN, portant : *D'argent , au cerf de gueules : ancienne extraction* , suivant la Nouvelle réformation et le Nobiliaire breton.

gent, accostée de deux molettes de sable (A).

CHOÜE (LA) — D'argent, à trois chouettes de sable becquées, membrées, frettées de gueules.

CHRESTIEN — De sinople, à une fasce (1) d'or accompagnée de trois casques de côté de même, 2 en chef, 1 en pointe.

CLEGUENEC (DE) — De gueules, à trois croissans d'argent, 2 et 1.

CLEUX (2) (DE) — Emmanché d'or et de gueules de six pièces (3).

(A) Le Manuscrit des Etats dit : *D'or, à la bande de gueules chargée de deux gantelets ou manottes, et de deux molettes d'éperon d'argent.*

(1) *d'azur,* suivant la Nouvelle réformation.

(2) *Deficit* à la Nouvelle réformation — (Les trois feuillets 244, 245 et 246 ont été enlevés dans ce manuscrit).

(3) Le Nobiliaire breton met seulement : *Emmanché d'or et de gueules.*

CLISSON (1) (DE) — De gueules , au lion d'argent armé, lampassé, couronné d'or.

COATANDON (2) (DE) — D'or , au lion de gueules armé, lampassé, couronné d'azur.

COATANSCOURS (3) (DE) — D'argent , au chef endenché de gueules à cinq pointes (4).

COETELEZ (DE) — De gueules , à une tête de levrier d'or.

COËTLOSQUET (DE) — De sable , à un lion morné d'argent semé de billettes de sable.

COËTMEN (DE) — De gueules , à sept an-

---

(1) *Deficit* à la Nouvelle réformation.

(2) *Deficit ibidem.*

(3) *Deficit ibidem.*

Ces trois noms se trouvaient sur les feuillets enlevés. (Voyez à la page précédente , note 2.)

(4) Le Nobiliaire breton dit seulement : *D'argent , au chef endenché de gueules.*

nelets d'argent, *et* de gueules, à
neuf annelets d'argent (1).

(2)

COGNETS (3) (des) — De sable, à la croix
potencée contre-potencée (4) d'argent, cantonnée de quatre molettes de même.

(5)

---

(1) La Nouvelle réformation met : *De gueules, à
neuf billettes d'argent.*

(2) DE COETNEMPREN , sieur de K̃GOU-
LOUARN , portant : *D'argent, à trois tours crene-
lées de gueules*, déclaré d'*ancienne extraction*, suivant la Nouvelle Réformation. — Notre manuscrit
écrit de COETNENPREN.

(3) dés COGNETZ. Nobiliaire breton.

(4) *pattée*, suivant la Nouvelle réformation, qui
ne donne que comme maintenus par l'intendant, en
1707, ceux qui portent les armes décrites dans le
texte.

(5) COLLAS , portant : *D'argent, à une aigle*

6

COLLET — Ecartelé aux 1 et 4 d'argent, à une fleur-de-lys de gueules ; aux 2 et 3 de gueules, à un lion rampant d'argent.

(1)

COLLOBEL — D'argent, à la bande de sable chargée de trois molettes d'or.

CONEN — de Prechreant (2). — D'or, coupé d'argent, au lion de l'un en l'au-

---

éployée de sable becquée, membrée de gueules : ancienne extraction, suivant la Nouvelle réformation.

(1) COLLIOU, portant : *D'azur, à un croissant d'or surmonté de deux molettes d'argent* (le Nobiliaire breton dit : *merlettes*) : *ancienne extraction*, suivant la Nouvelle réformation.

(2) La Nouvelle réformation et le Nobiliaire breton donnant ici, à tous ceux des mêmes nom et armes, le fief de *Prechreant*, nous sommes obligé d'avoir recours aux noms de baptême, et de dire que le

tre armé, lampassé, couronné de
gueules.

CONIAC (DE) — de Toulmen (1). — D'argent, à l'aigle éployée de sable.

CONIGAN (DE) — Ecartelé aux 1 et 4 d'argent, au pairle de sable; aux 2 et
3 d'azur, à trois fermaux d'or.

CONSTANTIN — D'azur, au rocher d'or sur
une mer flottante d'argent (A).

CORBIÈRE (2) (DE LA) — D'argent, à un
lion de sable armé, lampassé, couronné de gueules.

---

premier de ces manuscrits ne range dans la *simple
extraction* que JEAN, et que le second (ainsi que notre manuscrit) n'en excepte que PHILIPPE et FRAN-
ÇOIS-BAPTISTE, son fils.

(1) DE TOUTMEN, suivant la Nouvelle réformation.

(A) Le Manuscrit des Etats dit : *sur une mer de
même.*

(2) DE LA CORBIERRE, suivant la Nouvelle réformation.

CORBINAIS (a—1) (de la) — D'argent, à la croix dentelée de gueules cantonnée de quatre corbeaux de sable (b).

CORCIN (2) (le) — D'argent, à trois croix pattées de sable.

CORGNE (le) — de Launay, de la Noëhallé, du Bois, de la Villemorhen (3). — D'azur (4), à un lion

---

(a) Le Manuscrit des Etats écrit : Corbinays.

(1) de la Corbinnays, suivant la Nouvelle réformation, et de la Corbinays, suivant le Nobiliaire breton.

(b) Le Manuscrit des Etats dit : *D'argent, à la croix de gueules dentelée de sable, cantonnée de quatre corbeaux passans aussi de sable.*

(2) Corcin, sans le. Nouvelle réformation.

(3) Noëhallay et Villemorhon, suivant le Nobiliaire breton.

(4) *D'argent*, suivant la Nouvelle réformation.

léopardé d'or chargé, sur la tête et sur la queue, d'une fleur-de-lys de même.

CORNOÜAILLE (1) (DE) — (2) de Kmon. — Ecartelé aux 1 et 4 d'azur, au mouton d'argent onglé d'or ; aux 2 et 3 (3) fretté d'azur et d'argent ; sur le tout, un écusson d'argent, au croissant de gueules.

CORNULIER (A—4) — D'azur, à la rencontre de cerf (5—6) surmontée d'une

---

(1) DE CORNOÜAILLES, suivant la Nouvelle réformation.

(2) DE KINON, suivant la Nouvelle réformation et le Nobiliaire breton.

(3) *d'argent, fretté d'azur*, suivant la Nouvelle réformation et le Nobiliaire breton.

(A) Le Manuscrit des Etats écrit : CORNULLIER.

(4) CORNULLIER, suivant la Nouvelle réformation et le Nobiliaire breton.

(5) L'émail de cette pièce manque.

(6) *d'or*, suivant le Nobiliaire breton.

moucheture d'hermines d'argent.

COSTARD (1) — D'argent, à la fasce (2) de sable.

COSZAER (a—3) (du) — Ecartelé aux 1 et 4 d'or, à un sanglier effrayé de sable ; aux 2 et 3 , écartelé d'or et d'azur.

COÜARIDOU (b—4) (de) — D'argent, à quatre (5) merlettes de sable.

---

(1) L'arrêt manque à la Nouvelle réformation.

(2) *vivrée de sable*, suivant le Nobiliaire breton.

(a) Le Manuscrit des Etats écrit : Coskaer ou Cosquer.

(3) du Coskaer, suivant la Nouvelle réformation, et du Coskaer, suivant le Nobiliaire breton.

(b) Le Manuscrit des Etats écrit : Couaridouc.

(4) Couaridou et sans de, suivant la Nouvelle réformation ; *simple extraction*, selon ce manuscrit et le Nobiliaire breton.

(5) *maillets*, suivant la Nouvelle réformation ; *maillettes*, suivant le Nobiliaire breton.

COÜÉ (1) — D'argent, à une fasce de sable accompagnée de trois fleurs-de-lys de gueules, 2 en chef, 1 en pointe.

COÜESPELAN (DE) — D'argent, à une aigle éployée de sable.

COURIAULT (LE) — D'argent, au lion de gueules armé, lampassé, couronné d'or.

COURSON (2) — D'or, à trois chouettes de sable becquées, membrées de gueules.

---

(1) *Simple extraction*, suivant la Nouvelle réformation.

(2) Suivant le Nobiliaire breton, les seuls seigneurs DE KVESCOP, DE KSALLIO, DU GRANDPRÉ, DE KDANIEL, DE KSAMBEC, DE KLEVENEZ, DE KSALLEC, DE LA VILLECOSTIC et DU VAL, ont été déclarés d'*ancienne extraction*.

COUTANCES (1) (DE) — D'azur, à deux fasces d'argent accompagnées de trois besans d'or, 2 en chef, 1 en pointe.

COUTURIÉ (2) — D'azur, à une bande dentelée d'or.

CROC — D'azur, à un griffon d'or armé, lampassé de gueules.

CROCELAY (3) (DU) — D'argent, à trois trèfles de sable, à la bande de gueules brochant sur le tout (A).

---

(1) COUTANCE et sans DE, suivant la Nouvelle réformation.

(2) COUTURIER, suivant la Nouvelle réformation.

(3) DE CROCELAY, suivant la Nouvelle réformation et le Nobiliaire breton.

(A) Le Manuscrit des Etats dit : *D'argent, à la bande de gueules accostée de trois trèfles de sable, 2 en chef, 1 en pointe.*

DANDIGNÉ (1) — D'argent, à trois aigles de gueules becquées, membrées d'azur.

DENAYS (LE) — D'or, à deux chevrons de sable chargés d'un lion passant de même, lampassé de gueules.

(2)

(3)

DESPINOSE (A—4) — D'argent, à l'arbre

---

(1) D'ANDIGNÉ, suivant la Nouvelle réformation. — (Il faut cependant y chercher ce nom à la lettre *D*.)

(2) DENIS, portant : *D'argent, à trois quintefeuilles de gueules : ancienne extraction*, suivant la Nouvelle réformation.

(3) DENYAU, portant : *De gueules, à un chevron d'or accompagné de deux croissans d'argent en chef, et d'une tête de lion de même en pointe : ancienne extraction*, suivant le Nobiliaire breton.

(A) *Déficit* au Manuscrit des Etats.

(4) DESPINOZE, suivant la Nouvelle réformation

arraché de sinople, au griffon de gueules passant au pied ; mantelé au 1 d'azur, à la croix fleuronnée d'or , aux 2 d'or , au cœur de gueules.

DISQUAY (du) — Écartelé de gueules et de sable, à la croix d'argent chargée en chef d'une moucheture d'hermines (1).

DOÜART (2) — D'argent, à la fasce de gueules acccompagnée de deux léopards de sable (a).

---

et le Nobiliaire breton. Ce dernier ne donne pas l'arrêt.

(1) La croix est probablement sur les quartiers de sable.

(2) *Simple extraction*, suivant la Nouvelle réformation, qui écrit : Douart.

(a) Le Manuscrit des Etats dit : *D'argent, à la fasce de gueules accompagnée de deux léopards de sable passans armés et lampassés de gueules, l'un en chef et l'autre en pointe.*

DOUDART (1) — D'argent, à la bande de gueules chargée de trois coquilles d'or.

DREUX (2) — D'azur, au chevron d'or accompagné de deux roses d'argent en chef, et un soleil d'or en pointe.

E.

ESPINAY (d') — de Broon, de Vaucouleurs. — D'argent, à un lion de gueules coupé de sinople couronné, armé, lampassé d'or.

(3)

---

(1) *Simple extraction*, suivant la Nouvelle réformation et le Nobiliaire breton.

(2) *Simple extraction*, suivant la Nouvelle réformation et le Nobiliaire breton.

(3) ESTIENNE, portant : *D'argent, à deux* suivant la Nouvelle réformation, suivant le Nobiliaire breton *à trois fasces de gueules accompagnées de huit*

EUZENOU (1) — Ecartelé d'azur et d'argent, l'argent chargé d'une feuille de houx (2) de sinople sur chacun quartier.

F.

FARCY (3) — D'or (4), fretté d'azur, au chef de gueules.

FAU (DU) — De gueules, à trois fasces d'argent. (5)

---

hermines de sable posées 2 à 2 sur l'argent, au chef cousu d'or chargé de trois suivant la Nouvelle réformation, suivant le Nobiliaire breton *de deux fleurs-de-lys de sable : ancienne extraction*, selon ces deux manuscrits.

(1) *Simple extraction*, suivant la Nouvelle réformation.

(2) *de choux*, suivant le Nobiliaire breton.

(3) *Simple extraction*, suivant la Nouvelle réformation et le Nobiliaire breton.

(4) *D'argent*, suivant la Nouvelle réformation.

(5) DU FAY, portant : *De gueules, à sept macles*

FEBVRE (1) (LE) — de la Ferronnière. — D'azur , à une levrette rampante d'argent accolée de gueules, bouclée et annelée d'or.

FERRÉ (2) — D'argent , à une fasce d'azur accompagnée de trois molettes de gueules (A).

FERRIÈRE (3) — D'argent , à trois fers de gueules cloués d'or (B).

---

d'argent, 3 , 3 , 1 : *ancienne extraction*, suivant le Nobiliaire breton.

(1) *Simple extraction*, suivant la Nouvelle réformation.

(2) *Simple extraction*, suivant le Nobiliaire breton.

(A) Le Manuscrit des Etats dit que les molettes sont aussi d'azur.

(3) *Deficit* à la Nouvelle réformation. — (La moitié du feuillet 343 a été enlevée).

(B) Le Manuscrit des Etats dit : *D'argent , à six fers de mule de gueules bordés de sable , brochés et cloués d'or*, 3 , 2 , 1 .

FERRON (1) — D'azur, à six billettes d'argent, 3, 2, 1, au chef de gueules cousu chargé de trois annelets.d'argent.

FONTAINE (2) (DE LA) — D'azur, à la fasce nouée d'or accompagnée de trois coquilles d'argent (A).

FONTLEBON (3) (DE) — D'argent, à trois aigles de sable, 2 en chef, 1 en pointe.

---

(1) *Deficit* à la Nouvelle réformation. — (Les feuillets 344, 345 et 346 ont été enlevés dans ce manuscrit).

(2) DE LA FONTAINNE, suivant la Nouvelle réformation : *simple extraction*, selon ce manuscrit et le Nobiliaire breton.

(A) Le Manuscrit des Etats dit : *D'azur, à trois crosilles d'argent, 2 en chef, 1 en pointe, séparées d'une fasce nouée…. de gueules.* (Nous n'avons pu lire un mot qui suit *nouée* et précède *de gueules*).

(3) FONTLEBON, sans DE, suivant la Nouvelle réformation.

FOREST (1) (DE LA) — D'argent, au chef
de sable.

FORGES (2) (DE) — D'or, à deux fasces de
gueules (A).

FORSANT (B—3) (DE) — D'azur, à neuf
carreaux d'or en sautoir.

FOU (DU) — D'azur, à l'aigle éployée d'or.

FOURCHÉ — De sable, à un chevron d'or
accompagné en chef de deux lions

---

(1) *Simple extraction*, suivant la Nouvelle réformation.

(2) *Simple extraction*, suivant la Nouvelle réformation.

(A) Le Manuscrit des Etats dit : *De gueules, à l'a-
gneau paschal d'argent.*

(B) Le Manuscrit des Etats écrit : DE FORSANS.

(3) DE FORSAN, suivant le Nobiliaire breton, qui
décrit les armes : *D'azur, à trois carreaux d'or en
sautoir;* ce qui est évidemment une faute, ce nombre de meubles ne pouvant être disposé en sautoir.

affrontés d'argent couronnés, lampassés d'or, et d'une molette d'é-
peron d'argent en pointe (1).

(2)

FRANCHET — D'azur, à un lion d'or armé, (3) lampassé de gueules.

FRESLON — D'argent, à une fasce de gueules accompagnée de six ancolies
d'azur, la tige de gueules, 3 en
chef et 3 en pointe.

FRESNAY (du) — Vairé et contre-vairé d'argent et d'azur (4).

---

(1) *et d'une étoile d'argent en pointe*, suivant la
Nouvelle réformation et le Nobiliaire breton.

(2) DU FOURNET, portant : *D'argent, à trois
pals de gueules : ancienne extraction*, suivant la Nouvelle réformation et le Nobiliaire breton. — (Notre
manuscrit met : *à trois palles de four de gueules;* ce
qui rend ces armes parlantes).

(3) La Nouvelle réformation et le Nobiliaire breton mettent seulement : *armé de gueules.*

(4) La Nouvelle réformation et le Nobiliaire breton donnent pour armes : *De vair.*

FRUGLAYS (1) (DE LA) — D'argent , au lion de sable armé , lampassé de gueules.

FUR (2) (LE) — D'argent , au pin de sinople.

G.

GALÉER (3) (LE) — D'azur , au sautoir d'argent cantonné de quatre quintefeuilles d'or (A).

---

(1) DE LA FRUGLAIS , suivant la Nouvelle réformation.

(2) *Simple extraction* , suivant la Nouvelle réformation et le Nobiliaire breton.

(3) LE GALLEER , suivant la Nouvelle réformation , et LE GALLER , suivant le Nobiliaire breton.

(A) Le Manuscrit des Etats dit : *D'argent , à un lion rampant de sable armé , couronné et lampassé d'or.*

GALLIER (a—1) (le) — D'argent, au lion de sable armé, lampassé, couronné d'or.

GARIAN (b—2) — D'or (3), au lion de sable accompagné de six merlettes de même, 3 en chef et 3 en pointe (c).

GARROÜET (4) — D'azur, à un chevron d'argent accompagné de trois coquilles de même, 2 en chef, 1 en pointe.

(5)

(A) Le Manuscrit des Etats écrit : le Galéer.

(1) *Simple extraction,* suivant le Nobiliaire breton.

(B) *ou* Gargian, ajoute le Manuscrit des Etats.

(2) Garjan, suivant le Nobiliaire breton.

(3) *D'argent,* suivant le même manuscrit.

(c) Le Manuscrit des Etats dit que le fond est d'argent, et que les six merlettes sont de sinople.

(4) L'arrêt manque à la Nouvelle réformation.

(5) LE GASCOING, portant : *D'or, au chevron de gueules accompagné de trois quintefeuilles de même :*

GASPERN (DE) — de Loyon (1). — D'or,
au lion de gueules (2) accompagné
de six billettes d'azur en orle.

GAUTIER (3) — D'argent, à trois losanges
d'azur en chef, et trois fleurs-de-lys
de même en pointe, 2 et 1.

GEDOÜIN (4) — D'argent, à un corbeau de
sable.

(5)

---

ancienne extraction, suivant la Nouvelle réformation
et le Nobiliaire breton.

(1) DE LA JOÜE, suivant le Nobiliaire breton.

(2) La Nouvelle réformation poursuit : *à l'orle de
sept billettes d'azur*, et le Nobiliaire breton dit : *accosté de sept billettes d'azur.*

(3) *Simple extraction*, suivant la Nouvelle réformation et le Nobiliaire breton.

(4) L'arrêt manque au Nobiliaire breton.

(5) GEFFROY, portant : *D'or, à un pin de sinople, le pied chargé d'un cigne d'argent : ancienne extraction*, suivant le Nobiliaire breton.

GESLIN — de Tremargat. — D'or, à six merlettes de sable, 3, 2, 1.

(1)

(2)

GLÉ — D'or, à trois glés *ou* souris de gueules.

GOËSBRIANT (DE) — D'azur, à la fasce d'or.

GOÜALEZ (LE) — De gueules, à un croissant d'argent accompagné de six coquilles de même, 3 en chef et 3 en pointe.

GOUANDOUR (DE) — D'argent, à trois chouettes de sable, 2 en chef, 1 en pointe.

---

(1) GIBON, portant : *De gueules, à trois gerbes d'or : ancienne extraction*, suivant la Nouvelle réformation et le Nobiliaire breton.

(2) GILLART, portant : *De gueules, à deux clefs d'argent en sautoir, la garde en haut : ancienne extraction*, suivant la Nouvelle réformation.

GOUDELIN (DE) — D'azur, à une épée d'argent garnie d'or, la pointe en bas.

(1)

GOULLAINNES (2) (DE) — Parti d'Angleterre et de France, *c'est-à-dire*, parti, au 1 de gueules, à 3 demi-léopards d'or; au 2 d'azur, à 1 fleur-de-lys et demie d'or.

GOULLART — D'azur, à un lion d'or armé, lampassé, couronné de gueules.

GOURAY (DU) — Burelé d'or et de gueules de dix pièces (A).

---

(1) GOUEON, que la Nouvelle réformation écrit : GOVEON, et notre manuscrit GOÜEON, portant : *D'or, à deux léopards de gueules*, est donné comme d'*ancienne extraction* par le Nobiliaire breton.

(2) DE GOULLAINNE, suivant le Nobiliaire breton.

(A) Le Manuscrit des Etats dit : *porte : De gueules, à quatre fasces d'or.*

GOURVINEC (du) — du Besit (1). — Vairé
d'or et de sable.

(2)

GRASMESNIL (du) — D'argent, à une épée
de sable en bande.

(3)

---

(1) BEZIT, suivant la Nouvelle réformation et le
Nobiliaire breton.

(2) GOUYON — de Beaucors, du Vaurouault, de
Vaudurant, de Mauni, de Miniac, de Launay-Com-
mats, de la Coudrays, du Verger, de la Rembaudière,
du Vaumeloysel, de Saint-Loyat, de la Motte-Collas,
de la Ravillays, des Rochettes et de Kambar, portant : *D'argent, au lion de gueules armé, lampassé,
couronné d'or : ancienne extraction*, suivant le Nobiliaire breton. — Ce nom manque à la Nouvelle réformation. — (Les feuillets 445, 446, 447, 448, 449
et 450, ont été enlevés).

(3) GRIGNART, portant : *De sable, à la croix
d'argent cantonnée de quatre croissants de même : ancienne extraction*, suivant le Nobiliaire breton.

GRIMAUDET — de la Rocheboüet (1). —
D'or, à trois lions de gueules, 2 en
chef, 1 en pointe.

GROËSQUER (2) (du) — D'hermines, à
trois fasces de sable.

GRÜE (de la) — D'azur, à une grue d'argent becquée, membrée d'or.

GUEGANT (3) — Ecartelé, aux 1 et 4 d'argent, à deux (4) fusées de gueules
surmontées de deux roses de même;
aux 2 et 3 (5), et une branche de
houx à cinq feuilles de sinople.

---

(1) DE LA ROCHE, suivant la Nouvelle réformation ; DE ROCHEBOUET, suivant le Nobiliaire breton.

(2) DE GROESQUER, suivant la Nouvelle réformation.

(3) *Simple extraction*, suivant la Nouvelle réformation et le Nobiliaire breton.

(4) *fasces*, suivant la Nouvelle réformation et le
Nobiliaire breton, qui n'indiquent pas non plus l'é-
mail des 2me et 3me quartiers.

(5) L'émail de ces quartiers manque.

GUEHENEUC (1) — de Garnoüet, de la Porte. — D'azur, au lion léopardé d'argent surmonté de deux fleurs-de-lys de même.

GUEMADEUC (DU) — De sable, au léopard d'argent accompagné de six coquilles de même, 3 en chef et 3 en pointe.

GUER (2) ('DE) — D'azur, à sept macles d'or, 3, 3 et 1, au franc canton d'argent fretté de guéules de huit pièces (3).

GUERGORLAY (DE) — Vairé d'or et de gueules.

---

(1) GUEHENNEUC, suivant la Nouvelle réformation, qui ne donne pas l'arrêt.

(2) *Deficit* à la Nouvelle réformation. — (Le feuillet 467 a été enlevé).

(3) *D'azur, à six macles d'or, 2, 3, 1, au franc canton grilleté d'argent et de gueules*, suivant le Nobiliaire breton.

GUERMEUR (DE) — De gueules, à six annelets d'argent, 3 , 3 , et, entre deux , trois losanges de même (1).

GUERRY (2) D'azur, à deux épées d'argent en sautoir, la pointe en haut, la garde d'or, au chef d'argent chargé de trois roses de gueules.

GUESCLIN (DU) — D'argent, à l'aigle à deux têtes éployée de sable becquée et membrée de gueules, au bâton de même en bande.

(3)

---

(1) Les armes manquent à la Nouvelle réformation. — (Les feuillets 469 et 470 ont été enlevés). — Le Nobiliaire breton blasonne ainsi ces armes : *De gueules, à trois losanges d'argent en fasce, accompagnées de six annelets de même , 3 en chef et 3 en pointe;* ce qui revient à la même chose, mais est plus régulier et plus clair.

(2) L'arrêt manque au Nobiliaire breton.

(3) DU GUINY, portant : *D'azur, à un croissant*

GUYMARHO (1) — D'or, à une bande de gueules cantonnée, en chef, d'une merlette de sable.

H.

HALGOÜET (du) — D'azur, au lion morne d'or (a).

HALLAY (du) — D'argent, fretté de gueules de six pièces.

HAN (du) — D'argent, à une bande fuselée de sable surmontée d'un lion de gueules.

---

d'or : *ancienne extraction*, suivant la Nouvelle réformation et le Nobiliaire breton.

(1) *Deficit* à la Nouvelle réformation et au Nobiliaire breton.

(a) Dans les armoiries qui sont dans le Manuscrit des Etats, en marge de cet article, le lion est blasonné *d'argent*.

HAROÜYS (DE) — D'argent, à trois bandes de gueules chargées , chacune , de trois têtes de licorne d'or.

HAY (1) — De sable, au lion morné d'argent.

HAYS (A—2) (DE LA) — de Larré, de la Villejan (3), de Kcamorel (4). — De gueules, à trois crosilles *ou* coquilles d'argent, 2 et 1.

HAYS (DE LA) — D'argent, au lion de sable.

HENRY — De gueules, à trois épées d'argent, la pointe en bas.

HINGANT (5) — de Kisac. — De sable, à

---

(1) *Deficit* à la Nouvelle réformation. — (Les feuillets 510, 511 et 512 ont été enlevés).

(A) Le Manuscrit des Etats écrit : DE LA HAYE.

(2) *Deficit* à la Nouvelle réformation. (Voy. note 1).

(3) Le manuscrit porte aussi : *Villejames.*

(4) VILLEJAMES et KCAMORET, suivant le Nobiliaire breton.

(5) *Simple extraction,* suivant le Nobiliaire breton.

trois épées d'argent en pal, la pointe en haut, garnies d'or.

HINGANT (1) — du Bourgneuf, de la Tiemblays (2), de Saint-Maur. — De gueules, à la fasce d'or accompagnée de quatre billettes (3) de même, 1 en chef et 3 en pointe posées 2 et 1.

HOUX (DU) — D'argent, à six feuilles de houx de sinople, 3, 2 et 1.

HUART (4) — D'argent, à un corbeau de sable becqué, membré d'azur.

HUBERT — D'azur, à une aigle à deux têtes éployée d'or, à la fasce de gueules

---

(1) *Simple extraction*, suivant la Nouvelle réformation.

(2) DE LA TREMBLAYS. Nouvelle réformation.

(3) Il y a ici un renvoi au Manuscrit des Etats ; mais la variante a été omise.

(4) *Deficit* à la Nouvelle réformation. — (Le feuillet 538 a été enlevé).

sur le tout, chargée de trois roses d'or.

HUCHET (1) — D'azur, à six billettes percées d'argent, 3, 2, 1.

HUON (2) — D'or, au chevron de gueules, à un corbeau de sable en pointe.

HUON (3) — De gueules, à cinq croix recroisettées d'argent, posées en croix.

HUON (4) — D'or, à trois annelets d'azur, 2 en chef et 1 en pointe, et trois croix recroisettées de même (5), 2 et 1 en pointe.

---

(1) *Deficit* à la Nouvelle réformation.

(2) *Deficit ibidem.*

(3) *Deficit ibidem.*

(4) *Deficit ibidem.*

Les feuillets 540, 541, 542, 543, 544 et 545 ont été enlevés.

(5) Le Nobiliaire breton dit : 1 *en chef et* 2 *en pointe.*

J.

JACOBIN (LE). — D'argent, à un écusson d'azur accosté de six annelets de gueules en orle.

JACQUELOT — D'azur, à un chevron d'argent accompagné en chef de deux gantelets de même, et un levrier de même bouclé (1) d'or en pointe.

JOCET — D'azur, à un écureuil rampant d'or.

JOURDAIN (2) — D'azur, à un greslier d'argent surmonté de deux molettes de même.

JUBIN (3) — De gueules, à une fasce d'ar-

---

(1) *et accolé*. Nouvelle réformation et Nobiliaire breton.

(2) *Simple extraction*, suivant le Nobiliaire breton.

(3) *Simple extraction*, suivant le Nobiliaire breton.

gent accompagnées de trois quintefeuilles de même (A).

K.

KALBAUD (B—1) — D'azur, à la croix pattée d'or (C—2).

KANNOU (DE) — de Ksaliou, de Goulan-
coal (3). — Losangé d'argent et

(A) Le Manuscrit des Etats dit : *De gueules, à la
fasce d'azur accompagnée* (les meubles manquent ici)
d'or, 2 en chef et 1 en pointe.

(B) Le Manuscrit des Etats écrit : DE KALBAUD.

(1) DE KALBAUD, suivant le Nobiliaire breton.

(C) *D'azur, à trois croix ancrées d'or.* Manuscrit
des Etats.

(2) *à trois croix ancrées d'or,* suivant la Nouvelle
réformation et le Nobiliaire breton.

(3) La Nouvelle réformation et le Nobiliaire breton écrivent : KSALLIOU et GOULANCOAT.

de sable, à une bande de gueules (1) chargée de trois trèfles d'argent.

KBOULART (DE) — De sable (A), à l'aigle
d'argent becquée, membrée d'or.

KCABIN (DE) — De gueules, à trois croix
pattées d'argent (2).

KDANIEL (3) (DE) — D'argent, à deux
vautours de sable déchirant un
cœur de gueules.

KENGAR (DE) — D'azur, à un croissant
d'argent.

---

(1) Ici la Nouvelle réformation ajoute : *en devise*.

(A) Le Manuscrit des Etats dit : *De gueules*.

(2) La Nouvelle réformation met : *d'azur*. — (Il
est probable qu'il y a faute, toutes les fois que ce
manuscrit ou le Nobiliaire breton met métal sur
métal et couleur sur couleur).

(3) *Simple extraction*, suivant le Nobiliaire breton.

KERAULT (de) — D'azur, fretté d'argent, à une fleur-de-lys de même, en chef, sur l'azur (1).

KESPERTS (2) (de) — D'or, au croissant de gueules, et trois roses de même en chef et trois en pointe.

KGADIOU (de) — de Tregarn (3). — D'azur, à trois fasces ondées (4), au franc quartier d'hermines (5).

KGARIOU (de) — de Kpol, de Paulglos, de Kgrist, des Fossés, des Planches,

---

(1) La Nouvelle réformation ne met point : *sur l'azur*.

(2) *Simple extraction*, suivant la Nouvelle réformation et le Nobiliaire breton.

(3) et le frère aîné de celui-ci, dont le fief n'est pas nommé.

(4) L'émail manque.

(5) La Nouvelle réformation et le Nobiliaire breton disent : *D'or, à trois fasces ondées d'azur, au franc quartier d'hermines*.

de Coadilo (1). — D'argent, fretté (2—3), au franc canton de pourpre chargé d'une tour (4) d'argent.

KGOËT (DE) D'argent, à trois fusées de gueules en fasce surmontées de quatre roses de même.

KGOËT (DE) — D'azur, au léopard d'or chargé, sur l'épaule gauche, d'un croissant de gueules.

KGOZOU (5) (DE) — De gueules, à une croix

---

(1) La Nouvelle réformation et le Nobiliaire breton ajoutent ceux DU PASCOÜET, que celle-là écrit POSCOUET. On trouve dans ces deux manuscrits : KEPOL; le premier écrit : POULGLOS, le second dit : DU BOULGLOC; celui-là met : COADILIO, et celui-ci : COADALIC.

(2) L'émail manque.

(3) *de gueules*, suivant la Nouvelle réformation et le Nobiliaire breton.

(4) *crenelée*, suivant le Nobiliaire breton.

(5) KGOZOU, sans DE, suivant la Nouvelle réformation.

d'or bordée de sable chargée d'une bande d'argent.

KGROADEZ (DE) — Fascé d'or et de sable (A—1).

KGU (DE) — D'argent, à un épervier de sable membré, becqué, armé, longé et grilleté d'or.

K GUEZEC (DE) — Ecartelé, aux 1 et 4 d'argent, à un chêne arraché de sinople ; aux 2 et 3 d'azur.

KGUIZIAU (2) (DE) — D'azur, à trois têtes d'aigle d'or, 2 et 1.

KERGUZ (3) (DE) — de Troufagan, de Bel-

(A) Le Manuscrit des Etats dit : *Fascé d'argent et de sable de six pièces.*

(1) *Fascé d'argent et de sable*, suivant le Nobiliaire breton.

(2) *Simple extraction*, suivant la Nouvelle réformation. — Le Nobiliaire breton ne range dans cette extraction que les sieurs DE KVASDOUÉ.

(3) DE KGUZ, suivant la Nouvelle réformation et le Nobiliaire breton. — *Simple extraction*, suivant ce dernier.

ler.— D'argent, à un greslier d'a-
zur enguiché de gueules.

KERGUZ (1) (DE) — D'azur, à la croix pattée d'argent.

KERHOANT (2) (DE)—Ecartelé, aux 1 et 4 (3)
d'or et de gueules ; aux 2 et 3
d'azur, à une fleur-de-lys d'or
surmontée de deux macles de même (A—4)..

---

(1) DE KGUZ, suivant le Nobiliaire breton. — *Deficit* à la Nouvelle réformation. — (La moitié du
feuillet 603 et le feuillet 604 ont été enlevés).

(2) DE KHOANT , suivant le Nobiliaire breton. —
Deficit à la Nouvelle réformation. (Voy. la note précédente).

(3) Il manque ici un mot indiquant la disposition
des émaux qui suivent.

(A) Le Manuscrit des Etats dit : *Ecartelé, au 1er
et dernier échiqueté d'or et de gueules ; aux 2 et 3 d'a-
zur, à la fleur-de-lys d'or accompagnée de deux macles de même en pointe.*

(4) Le Nobiliaire breton dit : *Ecartelé, aux 1 et*

KERHOANT (1) (DE) — Losangé d'argent et de sable.

KLEAN (2) (DE) — Fascé ondé d'or et d'azur.

KLEAU (DE) — de Lisle (3) — D'azur, au cerf passant d'or.

KLECH (DE)— du Rusquet, de Lanhalla (4),

---

4 échiqueté d'or et de gueules ; aux 2 et 3 d'azur, à deux macles d'or surmontées d'une fleur-de-lys de même, et un écusson losangé d'argent et d'azur sur le tout.

(1) DE KHOANT, suivant le Nobiliaire breton. — Deficit à la Nouvelle réformation. (Voy. ci-contre note 1).

(2) *Simple extraction*, suivant la Nouvelle réformation.

(3) L'ISLE, suivant le Nobiliaire breton.

(4) La Nouvelle réformation ne donne que la *simple extraction* au sieur DE LANHALLA, qu'elle écrit : LENHALA. Elle écrit aussi TREZIGUIDY et PLEXIS. — Le Nobiliaire breton écrit LANHALA et TREZUIGUIDI.

de Tresiguidy, du Plessix. — Fascé d'or et de gueules (A).

KLOAGUEN (DE) — de Crechusen. — D'argent , à l'aigle éployée de sable becquée, membrée de gueules.

KMABON (1) (DE) — Ecartelé, aux 1 et 4 d'or, à trois fasces d'azur ; aux 2 et 3 fretté d'or et de sable (B).

KMAREC (2) (DE) — (3) De gueules , à cinq annelets d'argent, 3 et 2 , au chef d'argent chargé de trois roses de gueules.

(A) *de six pièces.* Manuscrit des Etats.

(1) KMABON, sans DE , suivant la Nouvelle réformation.

(B) Le Manuscrit des Etats dit : *Ecartelé, aux 1 et 4 d'argent, à trois fasces de gueules ; aux 2 et 3 fretté d'or et de sable de six pièces.*

(2) KMAREC, sans DE , suivant la Nouvelle réformation.

(3) Les armes manquent au Nobiliaire breton.

KMENGUI (1) (DE) — Losangé d'argent et
de sable, à une fasce de gueules
chargée ·de trois croissans d'argent (A).

KMENO (DE) — De gueules, à trois macles
d'argent bordées de sable, 2 en chef
et 1 en pointe (2).

KMENOU (DE)—de Coëtfont, de Plévern (3).—
D'or, à trois fasces ondées d'azur.

KMOYSAN (DE) — De gueules, à sept coquilles d'argent, 3, 3, 1.

---

(1) DE KMENGUY. Nouvelle réformation.

(A) Le Manuscrit des Etats dit qu'il n'y a qu'un
croissant sur la fasce.

(2) La Nouvelle réformation et le Nobiliaire breton mettent seulement : *De gueules, à trois macles
d'argent.*

(3) COATFORN et PILVERN, suivant la Nouvelle
réformation; COËTFORN et SAINT-VIVERN, selon le
Nobiliaire breton.

KOUARTS (DE) — D'argent, à une (A—1) fasce de sable accompagnée de trois croisettes de même, 2 en chef et 1 en pointe.

KOUDAULT (DE) — de Poulbroch (2). — D'argent, à un greslier de sable accompagné de trois hures de sanglier de même (B).

KOULAS (DE) — Fascé d'argent et d'azur (c).

KOUZI (DE) — D'or (3), à un lion morné de sable.

(A) *roue*. Manuscrit des Etats.

(1) *roue*. Nobiliaire breton.

(2) et Jacques, l'aîné de la maison, dont le fief n'est pas nommé. — Le Nobiliaire breton comprend sous le même arrêt tous ceux des mêmes nom et armes.

(B) 2 *en chef et* 1 *en pointe*. Manuscrit des Etats.

(c) *de six pièces*. Manuscrit des Etats.

(3) La Nouvelle réformation dit : *D'azur*. (Voyez pag. 72, note 2).

KPRIGENT (DE) — D'azur, au léopard rampant d'or accompagné de trois quintefeuilles de même.

KRET (1) (DE) — Ecartelé, aux 1 et 4 d'or, au lion morné de sable brisé d'une cotice de gueules ; aux 2 et 3 d'argent, à deux colombes adossées d'azur becquées, membrées de gueules.

KSALIOU (DE) — D'argent, à trois fasces de gueules chargées d'un lion de sable armé, lampassé, couronné d'or.

KSAUSON (DE) — De gueules, à un fermail d'argent.

KSCAU (2) (DE) — D'azur, à deux dauphins d'argent en pal, adossés (A).

---

(1) Le Nobiliaire breton écrit : DE KERRET.

(2) DE KSEAU, suivant le Nobiliaire breton.

(A) Le Manuscrit des Etats dit : *D'argent, à deux dauphins d'azur adossés.*

KVEN (DE) — D'azur , à la croix pattée d'argent accompagnée de trois coquilles de même , 2 en chef et 1 en pointe.

KVENO (DE) — D'azur , à dix étoiles d'argent, 4 , 3, 2 , 1.

KVENOZAEL (DE) — du Cosquer (1) — D'argent, à cinq (2) fusées de gueules en fasce surmontées de quatre molettes de même.

KYVON (DE) — Echiqueté d'or et de gueules , à l'étoile d'or en cœur.

L.

LAGADEC (3) (LE) — D'argent (4), à trois trèfles d'azur , 2 et 1.

---

(1) La Nouvelle réformation écrit : Cosquel.

(2) La Nouvelle réformation dit : quatre.

(3) Simple extraction , suivant le Nobiliaire breton.

(4) D'or, suivant la Nouvelle réformation.

LAMBERT — de la Rigourdaine, de la Havardière, du Bois-Jan (1). — D'argent (2), au chevron de gueules.

LAMBILLI (DE) — D'azur, à six quintefeuilles d'argent, 3, 2, 1.

LANDE (3) (DE LA) — D'azur, à un léopard d'argent armé, couronné d'or, surmonté de quatre macles de même et trois en pointe (A).

LANDE (4) (DE LA) — De gueules, à une fasce crenelée d'argent.

---

(1) La Nouvelle réformation et le Nobiliaire breton écrivent : BOISJAN.

(2) *D'azur*, suivant le Nobiliaire breton.

(3) *Deficit* à la Nouvelle réformation. — (Les feuillets 655, 656, 657, 658, 659, 660 et 661 ont été enlevés).

(A) Les macles sont d'or.

(4) *Deficit* à la Nouvelle réformation. (Voyez note 3).

LANDELLE (1) (DE LA) — D'argent, à trois merlettes de sable.

LANGAN (2) (DE) — du Boisfeuvrier (3), de Quinformel. — De sable, à un léopard d'argent armé, lampassé, couronné de gueules.

LANGLAIS (4) — D'argent, à trois roses de gueules.

LANGLE (5) (DE) — D'azur, au sautoir d'or cantonné de quatre billettes de même.

---

(1) *Deficit* à la Nouvelle réformation.

(2) *Deficit ibidem.*

Voy. à la page précédente, note 3.

(3) BOISFEVRIER. Nobiliaire breton.

(4) *Deficit* à la Nouvelle réformation. (Voy. à la page précédente, note 3). — LANGLAYS, suivant le Nobiliaire breton.

(5) *Deficit* à la Nouvelle réformation. (Voy. à la page précédente, note 3).

LANGLE (1) (DE) — D'argent, à une aigle
éployée de sable becquée, membrée d'or, accompagnée de trois
tourteaux de sable, 2 en chef et
1 en pointe, chargés, chacun, d'une
molette d'or.

LANGOURLA (2) (DE) — D'azur, à trois
bandes d'or.

LANJAMET (3) (DE) — de Miniac. — D'argent, à l'aigle éployée de sable (A).

LANLOUP (4) (DE) — D'azur, à six annelets d'argent, 3, 2, 1.

LANNION (5) (DE) — D'argent, à trois

---

(1) *Deficit* à la Nouvelle
réformation.
(2) *Deficit ibidem.* Voy. page 83, note 3.
(3) *Deficit ibidem.*

(A) *à deux têtes.* Manuscrit des Etats.
(4) *Deficit* à la Nouvelle
réformation. Voy. page 83, note 3.
(5) *Deficit ibidem.*

merlettes de sable, au chef de gueules chargé de trois quintefeuilles
d'argent.

(1)

LANTIVI (2) (DE) — De gueules, à une
épée d'argent en pal, la pointe en
bas.

LARLAN (DE) — de Penhers, de Rochefort.
— D'argent, à une croix de sable
chargée de neuf macles d'argent (A).

LART (LE) — De gueules, semé de billettes
d'argent sans nombre.

---

(1) DE LANRIVINEN, portant : *D'azur, au pin
de sinople et un papillon de gueules : ancienne extraction*, suivant le Nobiliaire breton. — *D'or, au pin*,
etc., suivant notre manuscrit et la Nouvelle réformation.

(2) *Deficit* à la Nouvelle réformation. — (Les
feuillets 663 et 664 ont été enlevés).

(A) Le Manuscrit des Etats dit : *D'argent, à neuf
macles de sable en croix.*

LAVOCAT (1—2) — D'azur, à trois (A) coquilles d'or, à la bande dentelée d'argent sur le tout.

LESCOUËT (3) (DE) — De sable, à un épervier d'argent becqué, grilleté, longé d'or, accompagné de trois coquilles aussi d'argent, 2 en chef et 1 en pointe.

(4)

---

(1) Ce nom étant placé, dans le manuscrit, avant LAGADEC, il est probable qu'il s'écrit : LADVOCAT.

(2) LADVOCAT, suivant la Nouvelle réformation et le Nobiliaire breton. — *Simple extraction*, selon ce dernier.

(A) Le Manuscrit des Etats ne met que deux coquilles.

(3) *Simple extraction*, suivant le Nobiliaire breton.

(4) DE LESCU, portant : *D'azur, à six billettes d'argent, 3, 2, 1, le chef séparé d'une devise d'or surmontée de trois larges* ou *vieux escus d'argent : ancienne extraction*, suivant le Nobiliaire breton.

LESILDRY (a—1) (de) — D'azur, à un croissant d'argent accompagné de trois besans de même, 2 en chef et 1 en pointe.

LESPARLER — De gueules, à une épée d'argent en bande, la pointe en bas.

LESPINAY (2) (de) — D'argent, à un croissant de gueules bordé de sable, surmonté de trois billettes de sable et autant en pointe.

LESPINAY (de) — De sable, à un sautoir d'argent.

(a) Le Manuscrit des Etats écrit : LESHILDRY.

(1) DE LEZILDRY, suivant la Nouvelle réformation ; DE LESILDRI, suivant le Nobiliaire breton.

(2) DE L'ESPINAY, suivant la Nouvelle réformation, qui cependant comprend ce nom sous la lettre L.

LESQUEN (1) (DE) — De sable, à trois jars d'argent becqués, membrés de gueules.

LESQUERN (2) (DE) — Fascé de vair et de gueules.

LESRAT (3) (DE) — D'azur, au chef d'argent chargé d'une tête de loup d'or.

LEVESQUE (4) — De sable, au chef d'argent chargé de trois fleurs-de-lys de gueules.

LEVROUX (LE) — De sable, à une fasce d'argent chargée de trois coquilles de gueules, et une coquille d'argent en pointe.

LISCOUËT (DU) — des Planches, de Coët-

---

(1) *Deficit* à la Nouvelle réformation. — (Les feuillets 689 et 690 ont été enlevés).

(2) DE LESQUERNE. Nouvelle réformation.

(3) *Simple extraction*, suivant le Nobiliaire breton.

(4) LEVÊQUE, suivant la Nouvelle réformation.

men (1). — D'argent, au chef de
gueules chargé de sept billettes
d'argent, 4 , 3.

LISLE (DE) — de la Nicolière, de la Mar-
telière, du Souchay, de la Gra-
velle (2). — De gueules, à dix
billettes d'or, 4 , 3 , 2 , 1.

LOAYSEL — de Brie, de Cambières (3),
de Saint-Benoist. — D'argent, à
trois merlettes (A) de sable, 2 et 1.

LOLIVIER (4) — D'argent, à une fasce
de gueules grillée d'or accompa-

---

(1) La Nouvelle réformation et le Nobiliaire breton écrivent : DE PLANCHES et DE COETMEN.

(2) La Nouvelle réformation et le Nobiliaire breton écrivent : NICOLLIÈRE, MARTELLIÈRE ; la première écrit : SOUSCHAY.

(3) CHAMBIÈRES , suivant le Nouvelle réformation et le Nobiliaire breton.

(A) Le Manuscrit des Etats dit : *molettes.*

(4) LOLLIVIER. Nobiliaire breton.

gnée de trois quintefeuilles d'argent (1—2), 2 et 1.

LONG (LE) — D'or, à une quintefeuille de sable.

LOPRIAC (DE) — De sable, au-chef d'argent chargé de trois coquilles de gueules.

LORVELOUX (3) (DE) — D'argent, à une bande de sable chargée de trois croisettes d'or.

LOÜET (DU) — Fascé de vair et de gueules de six pièces (4).

---

(1) Il y a nécessairement erreur pour cet émail.

(2) *de gueules*, suivant la Nouvelle réformation et le Nobiliaire breton.

(3) LORVELOUX, sans DE, suivant la Nouvelle réformation et le Nobiliaire breton.

(4) La Nouvelle réformation et le Nobiliaire breton ne mettent pas : *de six pièces;* ce qui, au reste, est superflu.

LOZ — de Knaleguen, de Langar, de Kilis (1). — De gueules, à trois éperviers chaperonnés, longés, grilletés d'or (A).

M.

MADAÏLLAN (2) (DE) — Ecartelé, aux 1 et 4 tranché d'or et de gueules; aux 2 et 3 d'azur, au lion couronné d'or.

MAHÉ (3) — D'argent, à deux haches d'ar-

---

(1) La Nouvelle réformation et le Nobiliaire breton écrivent : KILLIS.

(A) Le Manuscrit des Etats dit : *Dé gueules, à trois éperviers d'argent campanés et grilletés d'or.*

(2) DE MADAILLON, suivant la Nouvelle réformation.

(3) *Simple extraction*, suivant la Nouvelle réformation.

mes adossées de gueules (1) surmontées d'un croissant de même.

MARBEUF (DE) — D'azur, à deux épées en
sautoir d'argent, la poignée d'or,
la pointe en bas.

MARCILLÉ (DE) — d'Argentré et de Launay (2). — D'argent, à une bande
de gueules chargée de trois chan-
nes d'or.

MARIE (3) — D'argent, à trois coquilles de
sable.

MARIGO — Ecartelé, aux 1 et 4 de gueules,
au lion d'or ; aux 2 et 3 d'or, à
trois rencontres (4—5) de gueules.

---

(1) *à trois haches d'armes adossées*, etc., selon la
Nouvelle réformation; ce qui est évidemment une
faute.

(2) LAUNAYS , suivant la Nouvelle réformation et
le Nobiliaire breton.

(3) MARIÉ , suivant la Nouvelle réformation.

(4) Le nom de l'animal auquel elles appartiennent
manque.

(5) *de cerf*. Nouvelle réformation et Nobiliaire
breton.

MARIN (1) (DE) — D'azur, à trois chevrons
d'or, au chef d'argent chargé de
trois roses de gueules.

MARNIÈRE (DE) — D'azur, au chevron d'or
brisé accompagné de deux roses en
chef, et un lion en pointe de même (2).

MARTEL — de la Chenardière, de la Ma-
lonnière (3). — D'or, à trois mar-
teaux de sable.

MASLE (DU) — De gueules, à trois cignes
d'argent becqués, membrés d'or.

---

(1) MARIN, sans DE, suivant la Nouvelle réformation.

(2) La Nouvelle réformation et le Nobiliaire breton ne mettent point : *brisé* ; celle-là dit : *trois roses*.

(3) La Nouvelle réformation ne donne que la *simple extraction* au sieur DE LA CHENARDIÈRE, et le
Nobiliaire breton range tous ceux des mêmes nom
et armes dans l'*ancienne extraction*.

MASSÜEL (1) — Gironné d'hermines et de gueules de six pièces (2).

MAUDET — Losangé d'or et de gueules.

MELLET (3) — D'argent, à trois merlettes de sable.

MESCAM (4) (DE) — D'azur, à trois têtes d'aigle arrachées d'argent.

METAËR (5) (LE) — de la Villebarbou (6).

---

(1) MASSUEL , suivant la Nouvelle réformation et le Nobiliaire breton.

(2) La Nouvelle réformation et le Nobiliaire breton ne disent pas : *de six pièces.*

(3) *Simple extraction*, suivant le Nobiliaire breton.

(4) *Simple extraction*, suivant la Nouvelle réformation.

(5) METAER et sans LE, suivant la Nouvelle réformation ; LE METAER , suivant le Nobiliaire breton, qui range tous ceux des mêmes nom et armes dans la *simple extraction.*

(6) VILLEBARBON , suivant la Nouvelle réformation et le Nobiliaire breton.

— D'argent, à trois merlettes (1) de gueules.

MICHAEL (2) — Ecartelé, aux 1 et 4 de sable, à une tour d'argent ; aux 2 et 3 d'or, à une croix pattée de gueules.

MINTIER (LE) — des Granges, de la Touche, du Chalonge, du Bourgneuf, de la Villeblanche, de Carmené, du Boisgueret, de la Mottegloret, du Bignou (3), de Beauchesne. — De gueules, à la croix engreslée d'argent.

---

(1) *de sable*, selon la Nouvelle réformation et le Nobiliaire breton.

(2) MICAEL, suivant le Nobiliaire breton, qui décrit ainsi les armes : *Ecartelé, aux 1 et 4 d'azur, à la tour d'argent ; aux 2 et 3 d'or, à trois croix pattées de gueules, à la bordure d'argent chargée d'un noisillier de sinople.*

(3) La Nouvelle réformation et le Nobiliaire breton écrivent : BIGNON.

MOËLLIEN (1) (DE) — D'azur, à un annelet d'argent accompagné de trois fers de lance (2), en pairle, touchant de la pointe à l'annelet.

MOENNE (3) (LE) — D'or, à trois faux de sable.

MOINE (4—5) (LE) — D'argent, à trois merlettes de sable, au chef de gueules chargé de trois besans (6) d'argent.

---

(1) DE MOELIEN, suivant la Nouvelle réformation et le Nobiliaire breton, qui décrivent ainsi les armes : *D'azur, à un annelet d'argent en cœur, accompagné de trois fers de lance de même, en pairle, touchant de la pointe à l'annelet.*

(2) L'émail manque.

(3) LE MOËNNE, suivant la Nouvelle réformation.

(4) Ce nom étant placé, dans le manuscrit, après MOYNE, s'écrit probablement de la même manière.

(5) LE MOYNE, suivant la Nouvelle réformation et le Nobiliaire breton.

(6) *d'or*, suivant la Nouvelle réformation et le Nobiliaire breton.

MOL — de Kjéan, de Cleguer, de Lambien, du Héuguer, de Moalec, du Restaut (1).—D'argent, à trois ancres de sable.

MONTAGU (2) (DE) — D'azur, à deux lions d'or lampassés et armés d'argent.

(8)

MONTIGNY (4) (DE) — D'argent, au lion de gueules chargé d'une étoile d'or

---

(1) La Nouvelle réformation écrit : DE LANGBIEN, DU HENGUER, DU RESTAN ; le Nobiliaire breton, dans la généalogie duquel on ne trouve pas les deux premiers de ces noms, dit : DE RENTAN ; les deux mettent : DE LESMOALECH.

(2) *Deficit* à la Nouvelle réformation. — (Le feuillet 800 a été enlevé).

(3) DE MONTBOURCHER, portant : *D'or, à trois marmites de gueules : ancienne extraction,* suivant la Nouvelle réformation. — (L'arrêt manque au Nobiliaire breton).

(4) DE MONTIGNI, suivant le Nobiliaire bret-

sur l'épaule, à l'orle de huit coquilles d'azur.

MONTY (de) — D'azur, à la bande d'or accompagnée de deux montagnes de
même, à chaque pointe.

MORAUD (1) — De sable (2), à trois coquilles d'argent.

MORIN — D'argent, à l'arbre de sinople sur
une terrasse de même, chargé d'un
porc-épic de sable.

MORO — de Montgouarin (3—4). — Ecartelé, aux 1 et 4 d'or, au lion de sable armé, lampassé et couronné de
gueules ; aux 2 et 3 de gueules, au
croissant d'or.

---

(1) Mouraud, suivant la Nouvelle réformation.

(2) D'or, suivant le Nobiliaire breton.

(3) Le manuscrit porte aussi : de Montgouaran.

(4) La Nouvelle réformation et le Nobiliaire breton écrivent : Montgouairan ; selon la première,
tous ceux des mêmes nom et armes ont été déclarés
d'ancienne extraction.

MORO — D'argent, à un renard de sable accompagné de cinq mouchetures d'hermines de même.

MOTTE (DE LA) — De sable, à sept macles (A—1) d'or, 3, 3 et 1.

MOTTE (DE LA) — de Pontruays, de la Tronchais , de Vauvert (2). — D'azur, fretté d'argent (B).

MOTTE (DE LA) — de la Motteportal et de Pontmessart (3). — De gueules , au lion d'argent.

(A) Le Manuscrit des Etats dit : *d'argent.*

(1) Suivant les trois manuscrits que nous employons, ceux qui portent les *macles d'argent* n'ont été déclarés que de *simple extraction.*

(2) La Nouvelle réformation et le Nobiliaire breton disent : DU PONTRUAYS, et écrivent TRONCHAYS.

(B) Dans le Manuscrit des Etats, il est dit : *D'argent, fretté d'azur de six pièces.*

(3) PONTMASSART, suivant la Nouvelle réformation ; PONTMUSART, suivant le Nobiliaire breton.

MOTTE (1) (DE LA) — De gueules , à trois bandes engreslées d'argent.

MOUESSON — D'argent, à trois mouessons *ou* trois moineaux de sable.

MOURAUD — D'argent, à trois poteaux de gueules.

MOUSSAYS (DE LA) — D'or , fretté d'azur.

MOYNE (LE) — D'argent, à trois coquilles de gueules.

MUCE (DE LA) — De gueules , à neuf besans d'argent.

N.

NEVET (2) (DE) — D'or , au léopard morne de gueules.

---

(1) *Simple extraction*, suivant le Nobiliaire breton.

(2) NEVET , sans DE , suivant la Nouvelle réformation.

NICOLAS (1) — De gueules, à la fasce d'argent chargée de trois merlettes de sable, surmontée de (2) deux têtes de lion arrachées d'or, et une en pointe.

NOË (DE LA) — D'azur, à un lion d'or armé et lampassé de gueules.

NOËS (A—3) (DES) — du Pontouraude, des Fossés, de Cariol (4), de la Ville-daniel. — D'argent, au lion de sable armé, lampassé et couronné de gueules.

NOIR (LE) — D'azur, à trois chevrons d'or,

---

(1) NICOLLAS , suivant la Nouvelle réformation.

(2) trois. Nouvelle réformation.

(A) Dans le Manuscrit des Etats, il est écrit : DES Nos.

(3) DES Nos, suivant la Nouvelle réformation et le Nobiliaire breton.

(4) CARIOT, suivant le Nobiliaire breton.

au franc quartier de gueules chargé
d'une fleur-de-lys d'argent (1).

NORMAND (2) (LE) — D'azur, au rencontre
de cerf d'or accompagné de (3) trois
molettes de même, 1 en chef et 2
en pointe.

NOYAL (DE) — D'argent, à (A) trois fasces
de sable.

NY (LE) — Ecartelé, aux 1 et 4 d'argent, à
un écu d'azur en cœur, à l'orle de
six annelets de gueules ; aux 2

---

(1) *de neuf fleurs-de-lys d'argent* ; suivant la Nouvelle réformation.

(2) NORMAND, sans LE, suivant la Nouvelle réformation et le Nobiliaire breton. — *Simple extraction*,
selon le premier de ces manuscrits.

(3) *quatre*, suivant le Nobiliaire breton.

(A) *deux*, suivant le Manuscrit des Etats.

et 3 de gueules, à une tête (1) de
lièvre (2—3).

P.

PAIGE (4) (LE) — de Kgrist. — D'argent,
à une aigle de sable éployée et armée de gueules (5).

PAILLEVÉ — De gueules, à une fasce d'argent accompagnée de trois gantelets de même.

---

(1) *de lévrier*, suivant la Nouvelle réformation.

(2) L'émail manque.

(3) *d'or*. Nouvelle réformation et Nobiliaire breton.

(4) *Simple extraction*, suivant la Nouvelle réformation.

(5) La Nouvelle réformation et le Nobiliaire breton blasonnent : *D'argent, à une aigle éployée de sable, armée de gueules;* ce qui est plus clair.

PANTIN — D'argent, à la croix de sable cantonnée de quatre molettes (1) de gueules.

PARCEVAUX (2) (DE) — D'azur, à trois chevrons d'argent (A).

PARQ (3—4) (DU) — D'argent, à trois jumelles de gueules en fasce.

PARQ (DU) — D'argent, à trois jumelles de gueules brisées, en chef, d'une étoile de même.

---

(1) *de même.* Nobiliaire breton.

(2) *Deficit* à la Nouvelle réformation. — (Les feuillets 852 et 853 ont été enlevés).

(A) Le Manuscrit des Etats dit : *D'argent, à trois chevrons d'azur.*

(3) Ce nom et le suivant étant, dans le manuscrit, avant PARCEVAUX, s'écrivent probablement PARC.

(4) La Nouvelle réformation et le Nobiliaire breton écrivent : DU PARC.

PASTOUR — de Kjean. — D'or, à un lion de gueules, à l'orle de cinq billettes d'azur.

PÉ (1) (DU) — De gueules, à trois lions d'argent.

PÉAN (2) — D'or, à trois têtes de maures en profil de sable.

PENANCOÜET (3) (DE) — Fascé d'argent et d'azur.

PENANDREFF (DE) — D'argent, à un croissant de gueules surmonté de deux étoiles de même.

PENFENTENIOU (DE) — Burelé d'argent et de gueules de dix pièces.

---

(1) *Deficit* à la Nouvelle réformation.
(2) *Deficit ibidem.*

\} Le feuillet 858 a été enlevé.

(3) DE PENANCOET, suivant le Nobiliaire breton.

ᴘENMARCH (1) (DE) Ecartelé, aux 1 et 4 de gueules , à une tête de cheval d'argent ; aux 2 et 3 d'or, à trois merlettes d'azur.

PÉPIN — D'azur , au chevron accompagné (2) d'argent et de gueules accompagné de trois pommes de pin d'or (3).

PERRENNO (4) (DE) — D'azur, à une fleur-de-lys d'argent accompagnée de trois poires d'or avec leurs feuilles.

PERRIEN (DE) — D'argent, à cinq fusées de gueules en bande (5).

---

(1) DE PENEMARCH , suivant le Nobiliaire breton.

(2) Il y a erreur dans ce mot.

(3) *D'azur , au chevron componé d'argent et de gueules accompagné de trois pommes de pin d'argent* , suivant le Nobiliaire breton. La Nouvelle réformation omet le second émail du componé.

(4) DE PERENNO. Nobiliaire breton.

(5) La Nouvelle réformation ne met pas : *en bande.*

PERRIER (DU) — du Menez. — D'azur, à dix billettes d'or, 4, 3, 2, 1.

PERROUSE (1) (DE) — Coupé, au 1 d'azur, chargé d'un lion d'argent armé, lampassé et couronné de gueules; au 2 d'argent, à un croissant de gueules.

PESCHART — De gueules, à la bande d'or chargée de quatre roses d'azur, accompagnée de quatre ducs *ou* chatrains d'argent (2), 2 en chef et 2 en pointe.

PICART (LE) — D'argent, à un lion de sable et trois (3) molettes de même.

PICAUD — de Morfouace, du Vertin, de Queheon, du Parq, de la Chance-

---

(1) PERROUSE, sans DE. Nouvelle réformation.

(2) ou *chats-huants d'argent*, suivant la Nouvelle réformation et le Nobiliaire breton.

(3) *merlettes*. Nouvelle réformation et Nobiliaire breton.

lière , de Saint-Gouesnou , de la Villequeury (1). — D'argent, fretté de gueules , au chef de gueules chargé de trois trèfles d'or.

PINART — Fascé ondé d'or et d'azur , au chef de gueules chargé d'une pomme de pin d'or.

PIQUELAYS (a—2—3) (DE LA) — D'argent, à un épervier au naturel (b)

---

(1) DE VERTIN , DU PARC , suivant la Nouvelle réformation ; GUEHEON , PARCQ , CHANCHELLIÈRE et VILLEGUEURY , suivant le Nobiliaire breton.

(A) Il est écrit dans le Manuscrit des Etats : DE LA PIGUELAYS.

(2) Ce nom précédant, dans le manuscrit, PINART , s'écrit peut-être aussi : PICQUELAYS.

(3) DE LA PIGUELAYS , suivant la Nouvelle réformation et le Nobiliaire breton.

(B) Dans le Manuscrit des Etats , on ne trouve point ces mots : *becqué, armé d'or.*

becqué, (1) armé d'or, sur un écot arraché de gueules.

(2)

PLEXIS (DU) — D'argent, à une bande de gueules chargée de trois macles d'or, surmontée d'un lion de gueules couronné, lampassé d'or.

PLOESQUELLEC (DE) — du Boisrio, de Kneques (3) — Chevronné d'argent et de gueules, au lambeau d'argent à trois pendans (4).

---

(1) La Nouvelle réformation met : *membré* au lieu d'*armé*.

(2) DU PLESSIER, portant : *Ecartelé, aux 1 et 4 d'argent, à une fasce de gueules chargée d'un filet vivré d'argent; aux 2 et 3 d'or, à cinq chausse-trapes de sable : ancienne extraction*, suivant la Nouvelle réformation et le Nobiliaire breton.

(3) KNEGUES. Nobiliaire breton.

(4) Le Nobiliaire breton met : *au lambeau d'azur à trois pendans.*

PLOEUC (DE) — Chevronné d'hermines et de gueules.

POILLEY (1) (DE) — D'argent, parti d'azur, au lion léopardé de gueules lampassé, couronné d'or.

POIS (2) (DE) — Ecartelé, aux 1 et 4 d'or, à un vol de gueules ; aux 2 et 3 de gueules, à la bande d'argent accompagnée de six croix recroisettées au pied fiché d'or.

PONT (3) (DU) — D'argent, à une fasce pontée de sable chargée d'une molette d'or, accompagnée de trois roses de gueules.

PONTUAL (DE) — de la Villernault, de Jouvante (4). — De sinople, à un pont

---

(1) L'arrêt manque au Nobiliaire breton.

(2) DU POIS. Nouvelle réformation.

(3) *Simple extraction*, suivant la Nouvelle réformation et le Nobiliaire breton.

(4) VILLEREVAUD et JOUVENTE, suivant la Nou-

de trois arches d'argent, chargé de trois cignes de même becqués et membrés de sable.

PORCARRO (1) (DE) — De gueules, à un (2) héron d'argent.

PORRÉE (3) De gueules, à la bande d'argent chargée de trois merlettes (4) de sable.

PORTE (DE LA) — De gueules, au croissant (5) chargé de cinq mouchetures d'hermines.

---

velle réformation ; VILLEREVAULT, suivant le Nobiliaire breton.

(1) DE PORCARO, suivant la Nouvelle réformation et le Nobiliaire breton. — Celui-ci ne donne que la *simple extraction* au sieur DE LA GONDRAYS.

(2) *chevron*, suivant la Nouvelle réformation.

(3) PORÉE, suivant la Nouvelle réformation.

(4) La Nouvelle réformation dit : *de même ;* ce qui est évidemment une faute.

(5) L'émail manque :

POU (1) (DU) — De sable , à un lion d'argent armé , lampassé , couronné d'or.

POULLAIN (2) — de Mauny et de la Noë, de la Vallée, de Launay, de la Mégrie , de Lisle , de Tremain , de Gautret , du Valmartel, du Chesnay, de la Villeguen , des Dixmes (3). — D'argent, à un houx de sinople , au franc canton de gueules chargé d'une croix engreslée d'argent.

POULPIQUET (DU) — D'azur, à trois poules d'argent becquées, membrées de sable.

POULPRY (DU) — D'argent, à une rencontre de cerf de gueules.

---

(1) *Deficit* à la Nouvelle réformation.

(2) *Deficit ibidem.*

Les feuillets 913, 914 et 915 ont été enlevés.

(3) Le Nobiliaire breton met : VALMARTIN et DISNES.

PREAUVÉ (1) (DU) — De sable, à trois annelets d'argent.

PRESTRE (LE) — De gueules, à trois écussons d'argent bordés d'or, chargés, chacun, de trois mouchetures d'argent (2—3).

PROVOSTÉ (DE LA) — D'argent, à trois bandes de sable.

Q.

QUELEN (DE) — de Saint-Bihy, de la Cossonnays, du Plessix, de Kampoul, de Châteauriec (4) — Burelé d'argent et de gueules de dix pièces.

---

(1) DU PRÉAUVÉ. Nobiliaire breton.

(2) Il y a erreur pour cet émail ou pour celui des écussons.

(3) *d'hermines*, suivant la Nouvelle réformation et le Nobiliaire breton.

(4) La Nouvelle réformation et le Nobiliaire breton

(1)

QUENGO (2) (du) — D'or, à un lion de sable armé et lampassé de gueules.

QUIFISTRE (de) — D'argent, à (a) deux fasces de sable.

écrivent : Saint-Bihi, la Lezonnays, au lieu de la Cossonnays et Plexis ; celle-là écrit : Chasteauriec, et ne donne que la *simple extraction* au sieur de la Cossonnays ou Lezonnays; et celui-ci comprend dans l'arrêt d'*ancienne extraction*, ceux de la Roche-Saint-Bihi et des Clos.

(1) DE QUENECHQUIVILLI, portant : *De sable, à trois défenses de sanglier d'argent : ancienne extraction*, suivant la Nouvelle réformation et le Nobiliaire breton. — (Notre manuscrit, qui écrit : de Quenechquivilly, ne donne point l'arrêt; il met, en note, celui relaté par le Manuscrit des Etats, et d'après lequel cette maison n'aurait été déclarée que de *simple extraction*).

(2) de Quengo, suivant la Nouvelle réformation et le Nobiliaire breton.

(a) *trois*, suivant le Manuscrit des Etats.

R.

RADO — D'azur, à trois étoiles à six pointes d'or.

RAOUL — De sable, à un poisson d'argent en fasce, surmonté de trois annelets et un annelet en pointe de même.

REFUGE (1) (DE) — D'argent, à deux fasces de gueules, à deux serpens (2—3) affrontés en pal, lampassés de gueules, sur le tout.

RIAUD — De sable, au sautoir d'argent.

---

(1) REFUGE, sans DE, suivant la Nouvelle réformation.

(2) L'émail manque.

(3) *d'azur*. Nouvelle réformation et Nobiliaire breton.

RIVIÈRE (1) (DE LA) — D'azur, à la croix engreslée d'or.

ROBERT (2) — De sable, à trois coquilles d'or, 2 et 1.

ROBIEN (DE) — de Kambourg, de Peros, de Sainte-Geneviève (3—4). — D'azur, à dix billettes d'argent, 4, 3, 2, 1.

---

(1) La Nouvelle réformation et le Nobiliaire breton ne donnent, comme ayant été déclarés d'*ancienne extraction*, que les sieurs DE SAINT-QUIOUÀIT et DU PLEXIS, ainsi que *Charles-François* et *Charles-Yves*, leurs fils. — Le Nobiliaire breton écrit : QUIOUAY.

(2) *Simple extraction*, suivant le Nobiliaire breton.

(3) et l'aîné de la maison dont le fief n'est pas nommé.

(4) La Nouvelle réformation écrit : PERROS.

ROBLOT (1—2) — D'argent, à trois cœurs de gueules.

ROCHE (3) (DE LA) — D'or, à la fasce d'argent (4—5).

ROCHER (DU) — D'azur, à une bande d'argent accostée de deux molettes de même.

ROCHÈRE (DE LA) — De sable, à trois corneilles d'argent posées 2 et 1.

ROCHE ROUSSE (6) (DE LA) — De gueu-

---

(1) Ce nom se trouvant, dans le manuscrit, avant ROBERT, s'écrit probablement ROBELOT.

(2) ROBELOT, suivant la Nouvelle réformation et le Nobiliaire breton.

(3) *Simple extraction*, suivant la Nouvelle réformation et le Nobiliaire breton.

(4) à enquerre.

(5) *d'or, à la fasce d'azur*, suivant la Nouvelle réformation et le Nobiliaire breton.

(6) DE LA ROCHEROUSSE, suivant le Nobiliaire breton.

les, à trois fleurs-de-lys d'argent, une étoile d'or en chef.

ROCHE SAINT-ANDRÉ (1) (DE LA) — De gueules, à trois roquets d'or, 2 et 1.

ROCHIER (DU) — D'argent, à la fasce de gueules accompagnée, en chef, de deux coquilles de sable, et, en pointe, d'une molette de même.

ROGIER (2) — D'argent, au greslier de sable accompagné de cinq mouchetures d'hermines.

ROGON — de Beaubois, de Coëtquel, du Parc, des Gautrais, de Crossac, du Tertre, du Prerond, de la Villebargoüet, de la Plesse, de Ktanguy, de Saint-Rieu, de la Villeroux,

---

(1) *Deficit* à la Nouvelle réformation.

(2) *Deficit ibidem.*

Les feuillets 983 et 987 ont été enlevés.

de Ksulio, de la Villeon (1). —
D'azur, à trois roquets d'or.

ROHAN (DE) — *Autrefois*, De gueules, à
sept macles d'or ; *maintenant* neuf,
3, 3, 3.

ROHELLO (2)(DE) — De gueules, à la fleur-
de-lys d'or portant, sur les fleu-
rons, deux aiglettes d'argent affrontées, becquées et membrées
d'or.

(3)

---

(1) La Nouvelle réformation et le Nobiliaire breton écrivent : GAUTRAYS ; la première met : COET-
QUEL, VILLEBARGOUET, KSALIO, et donne l'*ancienne extraction* au sieur DE LA VILLEHINGANT ;
on trouve dans le second : COISGNEULL au lieu de
COËTQUEL, PARCQ, KTANGUI et KSALLIO.

(2) *Simple extraction*, suivant le Nobiliaire breton.

(3) ROLAND, portant : *D'argent, à trois gresliers
de sable enguichés, liés, bouclés et virolés d'or* : *ancienne extraction*, suivant le Nobiliaire breton.

(1)

ROMMILLEY (2) (DE) — de Mausson et de
 la Chesnelays, d'Ardainne (3). —
 D'azur, à deux léopards d'or (4)
 couronnés, armés et lampassés de
 gueules.

RONDIERS (DES) — D'azur, au lion d'or.

ROSCOËT (5) (DU) — D'argent, à trois roses de gueules tigées de sinople, 2
 et 1.

---

(1) ROLAND, portant : *D'argent, à un chevron
de gueules accompagné de trois molettes de même* : *ancienne extraction*, suivant le Nobiliaire breton.

(2) *Simple extraction*, suivant la Nouvelle réformation.

(3) MAUBUSSON, ARDENNES, suivant le Nobiliaire
breton.

(4) Le Nobiliaire breton met seulement : *couronnés, onglés de gueules.*

(5) DU ROSCOUET, suivant la Nouvelle réformation, et DU ROSCOET, suivant le Nobiliaire breton.

ROSILY (1) (DE) — D'argent, au chevron de sable accompagné de trois quinte-feuilles de même, 2 et 1.

ROSMAR (DE) — de Kdaniel, de Kveno, de Kbisien, de Khervé (2). — D'azur, à un chevron d'argent accompagné de trois molettes de même.

ROSNYVINEN (3) (DE) — D'or, à une hure de sanglier de sable (A) armée et arrachée de gueules, à la bordure engreslée de même.

ROUGE (LE) — Ecartelé, aux 1 et 4 d'ar-

---

(1) DE ROSILI. Nobiliaire breton.

(2) On ne trouve point dans la Nouvelle réformation et le Nobiliaire breton KBISIEN, et ces deux manuscrits comprennent dans l'arrêt d'*ancienne extraction* ceux de GOUDELIN et DE KGROAS, dont notre manuscrit ne fait pas mention.

(3) DE ROSNEVINEN, suivant le Nobiliaire breton.

(A) *aux défenses d'argent*, suivant le Manuscrit des Etats.

gent., au lion morné de sable coupé de gueules ; aux 2 et 3 , burelé d'argent et de gueules de dix pièces.

ROUGEART (1) (LE) — D'argent, au pin arraché de sinople, le tronc chargé d'un greslier de sable aux pendans de même (2).

ROUSSEAU (LE) — D'argent', à trois fasces de gueules.

ROUX (LE) — Gironné d'argent et de sable.

ROUXEL (3) — de Perrouse, de la Grange, de Ranliou , de la Landeboisridou (4). — D'azur, à trois rous-

---

(1) *Simple extraction*, suivant la Nouvelle réformation.

(2) Suivant le Nobiliaire breton, le greslier et les pendans sont aussi de sinople.

(3) *Deficit* à la Nouvelle réformation. — (Les feuillets 1015, 1016, 1017, 1018 et 1019 ont été enlevés).

(4) Le Nobiliaire breton met : DE LA PERROUZE ,

settes (1) (*espèce de poisson*) en
pal (2).

ROY (3) (le) — D'azur, à un épervier couronné, longé et armé d'or, et une
fleur-de-lys de même en chef.

RUELLAN (4) — D'argent, au lion de sable (5) lampassé et couronné d'or.

RUFFLAY (6) (du) — D'argent, au che-

RANLEON et seulement DE LA LANDE. Il comprend
dans l'arrêt d'*ancienne extraction*, NICOLAS, sieur
DE LA BARRE, dont le fief, du moins, n'est pas
nommé dans la généalogie donnée par notre manuscrit.

(1) L'émail manque.

(2) Le Nobiliaire breton ajoute : *d'argent*.

(3) *Deficit* à la Nouvelle réformation. — (Voyez
à la page précédente, note 3).

(4) *Simple extraction*, suivant la Nouvelle réformation et le Nobiliaire breton.

(5) Le Nobiliaire breton ajoute ici : *armé*.

(6) DU RUFLAY, et *simple extraction*, suivant le

vron de gueules accompagné de trois quintefeuilles de même.

S.

SAGUIER (1) — Ecartelé, aux 1 et 4 d'argent, à une tête de maure (2) bandée d'argent ; aux 2 et 3 d'argent (3), à un écureuil de gueules.

SAINT GILLES (DE) — D'azur, semé de fleurs-de-lys d'argent.

SAINT PERN (DE) — D'azur, à dix billettes clechées (4) d'argent.

Nobiliaire breton. — La Nouvelle réformation seule parle de RUFFLAY, portant les mêmes armes, et simplement maintenus par l'intendant. Le fief de ceux déclarés d'*ancienne extraction* par la Chambre de réformation est : LA CORNILLIÈRE.

(1) *Simple extraction,* suivant le Nobiliaire breton.

(2) L'émail manque.

(3) A enquerre.

(4) Il y a ici erreur ; c'est probablement : *percées.*

SAINT PERRAN (DE) — De sable, à la croix pattée d'argent.

SALLIOU — D'argent, à un chevron de gueules accompagné de trois quintefeuilles de même.

SANGUIN — D'azur, à une bande d'argent accompagnée, en chef, de trois glands d'or, et deux pattes de griffon de même, en pointe.

SANSAY (DE) — D'or, à trois bandes d'azur et une bordure de gueules, et un écusson (A) de même en cœur.

SAVONNIÈRE (1) (DE) — De gueules, à la croix pattée d'or.

SAUVAGET (2—3)— des Clos. — De gueules, à la croix pattée d'argent.

(A) Le Manuscrit des Etats ajoute : *échiqueté d'or et de gueules.*

(1) *Deficit* à la Nouvelle réformation.

(2) *Deficit ibidem.*

Les feuillets 1037, 1038, 1039, 1040, 1041 et 1042 ont été enlevés.

(3) *Simple extraction,* suivant le Nobiliaire breton.

SENECHAL (1) (LE) — D'azur, à neuf macles d'or.

SERRÉ (LE) — (A) D'azur, à dix billettes d'argent, au canton de gueules chargé d'un croissant montant d'or (2).

SESMAISONS (3) (DE) — De gueules, à trois maisons d'or.

SEVIGNÉ (DE) — Ecartelé d'argent et de sable.

SOUSSAY (4) (DU) — De gueules, à trois coquilles (5) d'argent.

---

(1) LE SENESCHAL, suivant le Nobiliaire breton.

(A) *D'argent, à dix billettes d'azur*, suivant le Manuscrit des Etats.

(2) La Nouvelle réformation met : *D'azur, à six billettes d'argent, au canton de gueules chargé de trois croissans montants d'or.*

(3) *Deficit* à la Nouvelle réformation. — (Le feuillet 1048 a été enlevé).

(4) *Simple extraction*, suivant le Nobiliaire breton.

(5) *d'or*, suivant la Nouvelle réformation et le Nobiliaire breton.

T.

(1)

TALHOUET (2) (DE) — De Kerio. — Lo-
    sangé d'argent et de sable sans
    nombre (3).

(4)

---

(1) DE TAILLEFER , portant : *De gueules , à deux léopards d'or : ancienne extraction* , suivant le Nobiliaire breton. — *Deficit* à la Nouvelle réformation. — (Les feuillets 1058, 1059 et 1060 ont été enlevés).

(2) DE TALHOÜET, suivant le Nobiliaire breton , qui comprend tous ceux des mêmes nom et armes dans l'*ancienne extraction*. — *Deficit* à la Nouvelle réformation. (Voy. la note précédente).

(3) Le Nobiliaire breton ne met pas : *sans nombre.*

(4) DE TALHOÜET , portant : *D'argent, à trois pommes de pin renversées de gueules : ancienne extraction*, suivant le Nobiliaire breton. — *Deficit* à la Nouvelle réformation. (Voy. note 1).

(1)

(2)

(3)

---

(1) DE TANOUARN, portant : *D'azur, à trois mo-*
lettes d'or, à la bordure de même chargée de huit ma-
cles d'or : ancienne extraction, suivant la Nouvelle
réformation et le Nobiliaire breton. Ce dernier écrit :
DE TANOÜARN. — (Il y a faute, dans la description
des armes, pour l'émail de la bordure ou celui des
mâcles. Notre manuscrit dit : *chargée de huit mâcles*
d'azur en orle, 3, 2, 2, 1).

(2) DE TEHILLAC, portant : *De gueules, à trois*
croissans d'argent : ancienne extraction, suivant la
Nouvelle réformation et le Nobiliaire breton.

(3) LE TEXIER, que notre manuscrit écrit : LE
TESSIER, portant : *D'azur, à un lion d'or en pied*,
suivant la Nouvelle réformation et le Nobiliaire breton, et : *D'azur, au lion léopardé d'or*, suivant notre
manuscrit, est donné comme d'*ancienne extraction*
par la Nouvelle réformation et le Nobiliaire breton.

(1)

(2)

(3)

---

(1) THOMAS — de la Caulnelays (notre manuscrit écrit : *Caunnelays*), de la Ribaudière, — portant : *D'or, à une bande engreslée d'azur* : *ancienne
extraction*, suivant le Nobiliaire breton. — *Deficit* à
la Nouvelle réformation. — (Le feuillet 1075 a été
enlevé).

(2) THOMELIN , que notre manuscrit écrit :
THOMMELIN , portant : *Écartelé, aux 1 et 4 d'azur,
à cinq billettes d'or* (*d'argent*, suivant notre manuscrit), *en sautoir ; aux 2 et 3 de gueules* : *ancienne
extraction*, selon la Nouvelle réformation et le Nobiliaire breton.

(3) DE TINTINIAC , que notre manuscrit écrit :
DE TINTENIAC , portant : *D'hermines, au croissant
de gueules* : *ancienne extraction*, suivant la Nouvelle
réformation et le Nobiliaire breton.

(1)
(2)
(3)
(4)

---

(1) TOURONCE — de Kveatoux, de la Villes-
tang (que notre manuscrit écrit : VÎLLEÉTANG),—
portant : *De gueules, au chef endenché d'or chargé
de trois étoiles de sable : ancienne extraction*, suivant
la Nouvelle réformation et le Nobiliaire breton.

(2) DE LA TOUSCHE, portant : *D'argent, au
lion de sable armé, lampassé de gueules : ancienne
extraction*, suivant la Nouvelle réformation et le Nobiliaire breton.

(3) TRANCHANT, portant : *D'argent, à un lion
d'azur armé, lampassé et couronné de gueules, à trois
fasces de même sur le tout : ancienne extraction*, suivant la Nouvelle réformation et le Nobiliaire breton.
(Notre manuscrit dit : *à trois fasces d'azur sur le
tout*).

(4) TREANNA (DE TREANNA, suivant le Nobiliaire breton et notre manuscrit), portant : *D'ar-*

(1)

TREGOAZEC (2) (DE) — D'argent, à la croix pattée de gueules chargée d'une coquille d'or au milieu.

TREMENEC (3) (DE) — D'argent, fretté de gueules de six pièces, au canton d'azur chargé de trois (4) cotices d'argent.

---

gent, à une macle d'azur : ancienne extraction, suivant la Nouvelle réformation et le Nobiliaire breton.

(1) DE TRECESSON , portant : De gueules, à trois chevrons d'hermines : ancienne extraction, suivant la Nouvelle réformation et le Nobiliaire breton.

(2) Simple extraction, suivant la nouvelle réformation et le Nobiliaire breton.

(3) Simple extraction, suivant la Nouvelle réformation et le Nobiliaire breton.

(4) coquilles de gueules, suivant la Nouvelle réformation, et cotices de gueules, suivant le Nobiliaire breton.

TREMEREUC (1) (DE) — Échiqueté d'argent et de gueules.

TREMIC (2) (DE) — D'argent, à la rose de gueules.

TREMIGON (3) (DE) — D'argent, à trois écussons de gueules, 2 et 1, chargés, chacun, de trois fusées d'or en fasce.

TREOURET (4) (DE) — D'argent, au sanglier passant de sable.

---

(1) La Nouvelle réformation et le Nobiliaire breton ne donnent que la *simple extraction* aux sieurs DE VAUMABY et DE LA VILLENEUVE.

(2) DU TREMIC, et *simple extraction*, suivant la Nouvelle réformation et le Nobiliaire breton.

(3) *Simple extraction*, suivant la Nouvelle réformation.

(4) *Simple extraction*, suivant la Nouvelle réformation et le Nobiliaire breton.

TRESSAY (1) (DU) — D'argent, à la fasce nouée de gueules chargée de trois besans d'or.

TREVEGAT (DE) — (2) D'azur, à la fasce de gueules chargée de trois têtes de maures de sable de profil, bandées d'argent (3).

TREVELLEC (4) (DE) — D'azur, à trois croissans d'or et une fleur-de-lys de même en abyme.

TREVOU (DU) — D'argent, au léopard de sable.

---

(1) DE TRESSAY, et *simple extraction*, suivant la Nouvelle réformation et le Nobiliaire breton.

(2) *D'argent*, suivant la Nouvelle réformation et le Nobiliaire breton.

(3) A enquerre.

(4) DE TREVELEC, et *simple extraction*, suivant la Nouvelle réformation et le Nobiliaire breton.

TREZLE (LE) — (1) D'azur, au cigne d'argent membré et becqué de sable.

TRIAC (2) (DE) — de la Demieville. — D'azur, au lion d'argent rampant armé, couronné et lampassé d'or (3).

TRIBOUILLE (4) (DE LA) — D'azur, à trois roquets d'argent, 2 et 1.

(5)

---

(1) *D'or*. Nouvelle réformation.

(2) *Simple extraction*, suivant la Nouvelle réformation et le Nobiliaire breton.

(3) *de gueules*, suivant la Nouvelle réformation. Le Nobiliaire breton met seulement : *D'azur, au lion d'argent couronné de gueules*.

(4) DE LA TRIBOÜILLE, suivant la Nouvelle réformation et le Nobiliaire breton, qui ne donnent que la *simple extraction* au sieur DE LA HAYE. Le Nobiliaire breton comprend dans le même arrêt de *simple extraction*, le sieur DE BEAUCHESNE. Il écrit : LA HAYS; notre manuscrit : LA HAIE,

(5) DE TROERIN, portant : *D'azur, à une fasce*

TROGOFF (1) (DE) — D'argent (2), à trois
(3) fasces de gueules (4).

TROLONG (DE) Écartelé, aux 1 et 4 d'argent, à cinq tourteaux de sable, 2,
1 et 2 ; aux 2 et 3 d'azur, au château (5) d'argent.

---

ondée d'argent accompagnée de six besans de même :
noblesse d'*ancienne extraction*, suivant la Nouvelle
réformation.

(1) *Simple extraction*, suivant la Nouvelle réformation et le Nobiliaire breton.

(2) On trouve aussi dans le manuscrit : *D'azur,
à trois fasces de gueules.* Nous avons pensé que c'é-
tait une faute, et que cette différence n'indiquait
pas une autre famille.

(3) *deux*, suivant la Nouvelle réformation.

(4) Le Nobiliaire breton met : *D'argent, à trois
fusées de gueules.*

(5) *crénelé*, suivant la Nouvelle réformation et
le Nobiliaire breton.

TRONCHAYE (1) (DE LA) — D'azur, à trois fleurs-de-lys d'argent, 2 et 1.

TROUSSIER — de la Gabtière, de Ébrat, de la Villegloux, de la Villegef-froy (2). — D'hermines, au lion rampant de gueules.

TUFFIN (3) — de Sesmaisons, de la Vigne.

---

(1) DE LA TRONCHAYS et *simple extraction*, suivant la Nouvelle réformation et le Nobiliaire breton.

(2) La Nouvelle réformation et le Nobiliaire breton rangent dans la *simple extraction* le sieur DE LA VILLEGEFFROY et ses frères *René*, *Joseph* et *Jean:* le premier de ces manuscrits y ajoute le sieur DE LA VILLEGLOUX, qu'il écrit, ainsi que le Nobiliaire breton : VILLEGLEIX, et ne rapporte pas l'arrêt de *simple extraction*, concernant *Mathurin*, ceux DES HAYS et DU BOIS. Il écrit : GABETTIÈRE, et le Nobiliaire breton : GABETIÈRE.

(3) *Simple extraction*, suivant la Nouvelle réformation et le Nobiliaire breton.

— D'argent, à la bande de sable chargée de trois croissans (1) d'argent.

(2)

TUOMELIN (3) (DE) — du Parcknegau, de Lesguily, de Kberiou, du Clos (4).
— D'argent, à deux fasces de sable.

(5)

---

(1) *d'or*, suivant la Nouvelle réformation.

(2) DE LA TULLAYS, portant : *D'or, à un lion de gueules : ancienne extraction*, suivant la Nouvelle réformation et le Nobiliaire breton.

(3) TUOMMELIN et sans DE, suivant la Nouvelle réformation et le Nobiliaire breton.

(4) PARCKVEGAN et KBERIO, suivant la Nouvelle réformation et le Nobiliaire breton ; LESQUILLI, suivant ce dernier ; LESQUILY, selon celle-là.

(5) TYERRY, que notre manuscrit écrit : TIERRY, et qui manque à la Nouvelle réformation (les feuillets 1075 et 1102 ont été enlevés), portant : *D'azur,*

U.

UGUES (1) — D'azur, au cerf passant d'argent sommé et onglé d'or.

UGUET — D'azur, à trois têtes de léopard (2) arrachées et lampassées d'or, 2 et 1 (3).

à trois têtes de lévrier coupées d'argent accolées de gueules, bouclées d'or, selon le Nobiliaire breton, et suivant notre manuscrit : *D'azur, à trois têtes de lé_vrier d'argent coupées et accolées de gueules, cloutées et bouclées d'or*, est donné comme *d'ancienne extraction* par le Nobiliaire breton.

(1) *Simple extraction*, suivant le Nobiliaire breton.

(2) L'émail semble manquer.

(3) La Nouvelle réformation et le Nobiliaire breton mettent seulement : *D'azur, à trois têtes de léopard d'or*.

UGUET (1) — D'argent, à deux croissants adossés de gueules.

URVOY (2) — D'argent, à trois chouettes de sable becquées, membrées et armées de gueules (3).

V.

VALLEAUX (DE) — D'or, à trois bandes de gueules.

---

(1) *Simple extraction*, suivant la Nouvelle réformation et le Nobiliaire breton.

(2) La Nouvelle réformation ne donne l'*ancienne extraction* qu'aux sieurs DE LA TOUSCHEBREHANT, DE TRONDELIN, DE LA ROCHECLOSMADEUC et DE CHAMPMADEUC, et le Nobiliaire breton ne l'accorde qu'aux trois derniers. Notre manuscrit et le Nobiliaire breton écrivent, l'un, TOUCHEBREHAUT, l'autre, TOUSCHEBREHAUT; celui-ci met : TROUDELAIN et celui-là : TOURDELAIN.

(3) Le manuscrit porte encore : *D'argent, à trois*

VALLÉE (1) (DE LA) — de la Burye, de la Chaise, de la Forestrie (2). — De gueules, à trois fermaux d'argent, 2 et 1.

VALETTE (3) (DE LA) — D'argent, à trois hures de sanglier arrachées de sable, 2 et 1.

(4)

---

chouettes de sable, bec et pieds de gueules, et *D'argent, à trois chouettes de sable becquées et pattées de gueules*. Il est évident que ce sont les mêmes armes.

(1) *Simple extraction*, suivant le Nobiliaire breton.

(2) La Nouvelle réformation comprend dans l'*ancienne extraction* ceux DE LA HINGUERAYS, que notre manuscrit écrit : HINGRAIS, et le Nobiliaire breton : HINGRAYS. La Nouvelle réformation et ce dernier écrivent : CHEZE et BURIE.

(3) *Simple extraction*, suivant la Nouvelle réformation et le Nobiliaire breton.

(4) LE VALLOIS, portant : *D'azur, à deux vautours affrontés d'argent enchaînés d'or : ancienne ex-*

VAUBOREL (de) — (1) D'azur, à la tour d'argent.

VAUCOULEURS (de) — D'azur, à la croix pleine d'argent.

VAUFERRIER (du) — D'or, au chef de sable chargé de trois coquilles d'argent.

VAY (2) — De gueules, au croissant d'hermines surmonté d'une croisette d'argent.

---

traction, suivant la Nouvelle réformation. — (Notre manuscrit, qui écrit : LE VALLOYS, dit : *enchaînés d'or par le col*).

(1) *D'or*, suivant la Nouvelle réformation.

(2) DE VAY et *simple extraction*, suivant la Nouvelle réformation et le Nobiliaire breton, qui décrivent les armes : *De gueules, au croissant d'hermines surmonté d'une croix alézée d'or.*

VENEURS (1) (le) — D'argent, au cerf lancé de gueules sommé, *ou* ramé, et onglé d'or.

VERGER (2) (du) — D'argent, au lion de sable armé, couronné et lampassé d'or.

VERGIER (3) (du) — De gueules, à deux bandes de vair (4).

---

(1) le Venneurs, suivant la Nouvelle réformation ; *simple extraction*, selon ce manuscrit et le Nobiliaire breton.

(2) *Simple extraction,* suivant la Nouvelle réformation et le Nobiliaire breton.

(3) La Nouvelle réformation ne donne l'*ancienne extraction* qu'au sieur du Meneguen. — Le Nobiliaire breton dit : de Meneguen.

(4) On trouve encore, dans le manuscrit : *De gueules, à deux bandes d'argent vairées d'azur :* ce qui n'indique point une autre maison, n'étant qu'une description vicieuse des mêmes armes.

VEYER (1) (LE) — De gueules au lion d'or rampant armé, couronné et lampassé d'or.

VEYER (2) (LE) — D'or, à trois merlettes de sable, sans pieds ni bec, 2 et 1.

VICOMTE (3) (LE) — D'azur, au croissant d'or.

VIESQUE (4) (DE) — D'azur, à trois fleurs-de-lys d'argent, 2 et 1.

---

(1) *Simple extraction*, suivant la Nouvelle réformation et le Nobiliaire breton, qui décrivent les armes : *De gueules, au lion d'or.*

(2) *Simple extraction*, suivant la Nouvelle réformation et le Nobiliaire breton, qui blasonnent simplement : *D'or, à trois merlettes de sable.*

(3) LE VICONTE, suivant le Nobiliaire breton, lequel, ainsi que la Nouvelle réformation, ne donne que la *simple extraction* au sieur de KMABON.

(4) *Simple extraction*, suivant la Nouvelle réformation et le Nobiliaire breton.

VIEUVILLE (DE LA) — D'argent, à (1) trois
fasces d'azur.

VIEUXCHÂTEL (2) (DU) — D'azur, au château d'argent à trois tours (3).

VIGNE (DE LA) — D'argent, au cep de vigne
serpentant de sinople, avec tout
son feuillage et racines, chargé de
trois grappes de raisin de pourpre (4).

---

(1) *deux*, suivant la Nouvelle réformation et le
Nobiliaire breton.

(2) DU VIEUXCHASTEL et *simple extraction*, suivant la Nouvelle réformation et le Nobiliaire breton,
qui blasonnent : *D'azur, à un château sommé de trois
tours d'argent.*

(3) Le manuscrit donne encore les armes que
voici : *D'azur, au château d'argent surmonté de trois
tours de même.* Il est d'autant plus probable qu'il y
a faute dans l'une ou dans l'autre description, que,
selon le manuscrit, il s'agit de la même famille.

(4) La Nouvelle réformation et le Nobiliaire bre-

VIGRÉ (DE) — D'argent, au pin de sinople, le pied d'or, chargé aussi de trois (1) pommes d'or, accompagné de trois merlettes de sable, 1 en chef et 2 en pointe.

VILLENEUVE (2) (DE) — D'argent, au lion rampant de sable.

VILLEON (3) (DE LA) D'argent, au houx ar-

---

ton blasonnent : *D'argent, à un cep de vigne de sinople portant trois grappes de pourpre.*

(1) La Nouvelle réformation et le Nobiliaire breton ne déterminent pas le nombre.

(2) *Simple extraction*, suivant la Nouvelle réformation et le Nobiliaire breton.

(3) *Simple extraction*, suivant la Nouvelle réformation. Le Nobiliaire breton ne comprend dans la *simple extraction* que le sieur DU BOURGNEUFMARIN. Ces deux manuscrits blasonnent : *D'argent, au houx de sinople, au chef de sable fretté d'or.* Notre manuscrit met : DU BOURGNEUFMARAIS, et la Nouvelle réformation seulement : DU BOURGNEUF.

raché de sinople, au chef de sable fretté d'or de six pièces (1).

VILLEON (DE LA) — du Boisfeuillet, de la Villeaudren, de Launaymur (2).
— D'argent, au houx (3) arraché de sinople, au franc quartier de sable fretté d'or.

VILLETHEBAUT (4) (DE LA) — Écartelé, aux

---

(1) On trouve encore dans le manuscrit : *D'argent, au houx de sinople, au chef de sable fretté d'or.* Il est à croire qu'il y a omission dans cette dernière description, et que les deux appartiennent à la même maison.

(2) DU BOISFEILLET, DE LAUNAYMEUR, suivant la Nouvelle réformation et le Nobiliaire breton. Ce dernier manuscrit donne l'*ancienne extraction* au sieur DE LA VILLEGOURIO.

(3) La Nouvelle réformation et le Nobiliaire breton ne mettent point : *arraché.*

(4) *Simple extraction*, suivant la Nouvelle réformation et le Nobiliaire breton.

1 et 4 d'argent, à la tour de sable crénelée et maçonnée d'argent ; aux 2 et 3 d'argent (1), à la tête de loup de sable arrachée et lampassée de gueules (2).

VILLETTE (DE LA) — (A—3).

VISDELOU — de la Goublays, de Bienassis, de Saint-Querreuc, du Hilguit, du Hilguy (4), de la Villetheart, de Saint-Glé (5). — D'argent, à trois

---

(1) A enquerre.

(2) Dans la Nouvelle réformation et le Nobiliaire breton, on ne trouve point ces mots : *crénelée et maçonnée d'argent;* ni celui-ci : *arrachée.*

(A) Blason *deficit.* Porte, selon le P. Toussaint : *D'azur, à la croix d'argent bordée d'or.*

(3) Porte : *D'argent, à la croix d'azur bordée d'or,* suivant la Nouvelle réformation et le Nobiliaire breton.

(4) Il est probable qu'il y a erreur pour ce nom ou le précédent.

(5) La Nouvelle réformation, qui range le sieur DE LA VILLETHÉART dans la *simple extraction*, écrit :

têtes de loup de sable arrachées et lampassées de gueules, 2 en chef et l'autre en pointe (1).

VOLANT (2) (DE) — D'argent, au cerf-volant d'or (3).

VOLVIRE (DE) — Burelé *ou* fascé d'or et de gueules de dix pièces.

SAINT-QUEREUC, et met, avec le Nobiliaire breton : SAINT-GUÉ au lieu de SAINT-GLÉ ; ce dernier écrit : GOUBELAYS et VILLETEHART ; tous deux mettent : JACQUES, sieur DE DELIEN, au lieu de : JACQUES, sieur DU HILGUIT ; enfin, la Nouvelle réformation donne l'*ancienne extraction* aux sieurs DES AUBIERS, DE BONAMOUR, DES MEZUES et DE SAINT-LAURENT. Le Nobiliaire breton et notre manuscrit écrivent : MEZÜES.

(1) La Nouvelle réformation et le Nobiliaire breton décrivent les armes : *D'argent, à trois têtes de loup arrachées de sable lampassées de gueules.*

(2) DE VOLAND et *simple extraction*, suivant la Nouvelle réformation et le Nobiliaire breton, qui mettent, pour le fond des armes : *D'azur.*

(3) A enquerre.

VOYER (1) (LE) — D'argent, à la fleur-de-lys de sable.

VOYER (2) (LE) — D'argent, à trois haches d'armes de sable, 2 et 1 (3).

Y.

(4)

(1) *Simple extraction*, suivant la Nouvelle réformation et le Nobiliaire breton.

(2) La Nouvelle réformation et le Nobiliaire breton n'accordent l'*ancienne extraction* qu'au sieur DE TREGOMMAR, selon la première, et DE TREGOMAR, suivant le second. Notre manuscrit, qui met : DE TREGOUMAR, ne donne que l'arrêt regardant ce seigneur.

(3) La Nouvelle réformation et le Nobiliaire breton mettent : *D'argent, à deux haches d'armes de sable adossées.*

(4) D'YVIGNAC, portant : *D'argent, à deux fasces de sable* : *ancienne extraction*, suivant le Nobiliaire breton. L'arrêt manque à la Nouvelle réformation.

Nous donnons ici un arrêt compris dans le supplément, et évidemment omis dans le texte de notre manuscrit, puisqu'il est de 1669 *, et, afin de rendre notre travail aussi complet que possible, nous ajoutons les quelques maisons que nos manuscrits donnent comme ayant été déclarées d'ancienne extraction postérieurement à la Réformation.*

CAM (1) — D'argent, au chevron de sable accompagné de trois annelets de même en chef et 1 en pointe.

RAVENEL (2) — De gueules, à six croissans d'or surmontés d'autant d'étoiles (3—4) de même en pointe.

SEGALLER (5) — D'azur, au sautoir d'ar-

---

(1) Arrêt du 9 juin 1734. — Cet arrêt manque au Nobiliaire breton.

(2) Arrêt de la Cour-des-Aides de Paris, du 16 juillet 1677, en faveur de Luc Ravenel, et arrêt du 25 mars 1680, qui déclare le premier commun à Benjamin, sieur du Boisteilleul, et à Jean, sieur des Roches.

(3) Il doit manquer ici *et*, et le nom d'un ou de plusieurs meubles.

(4) *de même*, 2, 2, 2, *et une étoile de même en pointe*, suivant la Nouvelle réformation et le Nobiliaire breton.

(5) *Simple extraction*, suivant la Nouvelle réformation, qui dit : LE SEGALLER. — Le Nobiliaire bre-

gent cantonné de quatre quintefeuilles (A) de même (1).

VIEUVILLE-GAREL (2—3) (DE LA) — (4).

FIN.

---

ton ne rapporte pas le présent arrêt du 18 février
1669, mais seulement celui du 8 février de la même
année, qui n'accorde que la *simple extraction*.

(A) *roses*, suivant le Manuscrit des Etats.

(1) *d'or*, suivant le Nobiliaire breton.

(2) *Deficit* à la Nouvelle réformation et au Nobiliaire breton.

(3) Arrêt du 17 juillet 1739.

(4) Les armes manquent.

SUPPLÉMENT

Aux Notes qui concernent les Blasons.

Page 12, BARILLON. — Il est probable qu'il doit y avoir *barillets* au lieu de *billettes*.

Page 20, BOISGESLIN. — Armes à enquerre.

Page 24, BOTMEUR. — Armes à enquerre.

Pages 31 et 32, aux notes, DE BRUNNES.— Il y a évidemment erreur dans le mot *bandes*.

Page 34, CARHEIL. — C'est *essorantes* qu'il doit y avoir, et non *essorées*. — Aux notes, DE CASTEL. — *de l'un à l'autre*, et non *de l'un en l'autre*.

Page 39, CLEUX. — *Emanché*. La disposition en est omise.

Page 42, CONEN. — Ces armes sont à enquerre. — *de l'un à l'autre*, et non *de l'un en l'autre*.

Pages 51 et 52, aux notes, ESTIENNE. — Les fleurs-de-lys étant posées 2 à 2 sur le fond, il est évident qu'il y a trois fasces.

Page 53, FEBVRE. — *boucléc ou annelée*, et non *bouclée et annelée*.

Page 56, FRESNAY. — Ces armes, telles que les donne le manuscrit qui forme le texte, doivent se blasonner : *De contre-vair*.

Page 63, GUEGANT. — Il est probable que les deux fusées sont posées en fasce.

Page 64, note 3. — *Grilleté*. C'est *grillé* qu'on a voulu mettre.

Page 70, JACQUELOT. — Il est évident que le mot *accolé* manque au texte.

Pages 74 et 75, KGOZOU. — Il est probable que la bande est brochante sur le tout.

Page 81, KRET. — Armes à enquerre.

Page 83, LANDE, ligne 6. — La citation de la version du Manuscrit des Etats prouve que le nôtre entend, contrairement à ce qu'il semblerait résulter des termes de sa description, que les macles sont d'argent.

Page 86, aux notes, DE LANRIVINEN. — Le Nobiliaire breton mettant couleur sur couleur, il est probable que les véritables armes sont

celles données par notre manuscrit et la Nouvelle réformation.

Page 89, LESRAT. — Le chef est à enquerre.

Page 90, LOLIVIER. — *grillée*, pour dire *treil-
lissée.*

Page 92, LOZ. — L'émail des éperviers paraît manquer. — Il est probable qu'à la version du
Manuscrit des Etats, *campanés* a été mis pour
chaperonnés.

Page 94, MARNIÈRE. — Ce blason serait plus clair
si, au lieu de *et un lion en pointe de même*,
on avait mis *et un lion en pointe, le tout de
même.*

Page 110, aux notes, DU PLESSIER. — Armes à
enquerre.

Page 111, POILLEY. — Il est probable que le lion
est brochant sur le tout.

Page 112, PORTE. — Il est probable que le croissant est d'argent.

Page 113, POULPRY. — C'est *un rencontre.*

Page 114, PRESTRE. — Il est probable que les
mouchetures sont d'hermines.

Page 124, ROY. — L'émail de l'épervier semble manquer.

Page 129, aux notes, LE TEXIER. — *en pied.* On a peut-être voulu dire par là *rampant.*

Page 130, aux notes, THOMELIN. — Armes à enquerre.

Page 143, VENEURS. — C'est *élancé*, et non *lancé.*

Page 145, VIGNE. — Le feuillage et les racines sont apparemment aussi de sinople.

ERRATA.

—

Page 11, ligne 10 : Ecartelé aux 1 et 4, *lisez* : Ecartelé, aux 1 et 4.

Page 16, lignes 5, 6 et 7 : D'argent, à un écureuil d'azur (A); *aliàs*, de pourpre couronné d'or, *lisez* : D'argent, à un écureuil d'azur (A), *aliàs*, de pourpre couronné d'or. — Ligne 14 : Ecartelé aux 1 et 4, *lisez* : Ecartelé, aux 1 et 4.

Page 19, ligne 13 : Vairé, contre-vairé, *lisez* : Vairé contre-vairé.

Page 20, note A : FAROUCHE, *lisez* : FAROUCHE.

Page 24, ligne 10; — 32, ligne 7; — 42, ligne 1; — 43, ligne 5; — 45, ligne 5; — 46, lignes 4 et 5 : Ecartelé aux 1 et 4, *lisez* : Ecartelé, aux 1 et 4.

Page 50, lignes 2, 3, 4 et 5 : Mantelé au 1 d'azur, à la croix fleuronnée d'or, aux 2 d'or, au cœur de gueules, *lisez* : Mantelé, au 1 d'azur, à la croix fleuronnée d'or; au 2 d'or, au cœur de gueules.

Page 63, lignes 11 et 12 : et une branche de houx à cinq feuilles de sinople, *lisez :* à une branche de houx à cinq feuilles de sinople.

Page 66, ligne 4 : morne, *lisez :* morné.

Page 98, ligne 7 : (8), *lisez :* (3).

Page 101, ligne 12 : morne, *lisez :* morné.

Page 118, note 4 : à enquerre, *lisez :* A enquerre. — Note 5 : *d'or, à la fasce d'azur*, lisez : *D'or, à la fasce d'azur.*

www.ingramcontent.com/pod-product-compliance
Lightning Source LLC
Chambersburg PA
CBHW050001100426
42739CB00011B/2464